Hans Ernst

Der Weg zum neuen Leben

Hans Ernst

Der Weg zum neuen Leben

Roman

rosenheimer

8., neu überarbeitete Auflage

Titelfoto: Studio von Sarosdy, Düsseldorf
Satz: Buch-Werkstatt GmbH, Bad Aibling
Druck und Bindung: GGP Media GmbH, Pößneck
Printed in Germany

ISBN 3-475-53669-2

1

Beate Weinherr geht, den Tennisschläger unter dem Arm, durch die gepflegten Parkanlagen. Von allen Türmen der Stadt läuten die Mittagsglocken. Schatten spendend breiten sich die Äste der alten Bäume über die um diese Zeit so stillen Wege. Die Ruhebänke sind zum größten Teil verlassen. Nur vereinzelte Gruppen sieht man noch sitzen. Eine junge Mutter hier, die in aller Seelenruhe den funkelnagelneuen Kinderwagen mit dem schreienden Baby heftig schaukelt und nebenbei ein Heft liest. Und dort eine andere junge Frau mit einem Soldaten, die bei Beates Näherkommen etwas von ihrem Nachbarn abrückt.

Beate empfindet immer so etwas wie Beschämung bei einem solchen Anblick. Da scheinen die beiden alten Rentner, an denen sie jetzt vorübergeht, noch aus einer anderen Welt zu stammen. Sie sitzen da, grau und gebeugt, aber mit stiller Heiterkeit die Ruhe dieser Mittagsstunde genießend.

Beate hat nun den Stadtpark verlassen, steht auf der Straße und wartet auf eine Straßenbahn. Um sie herum braust der tausendfache Lärm der Großstadt. Autos flitzen an ihr vorüber. Reifen zischen auf dem Asphalt, mit ohrenbetäubendem Lärm preschen Motorradfahrer durch jede kleinste Lücke im Verkehr. Jeder hat es auf seine Weise eilig. Jeder will so schnell wie möglich zum Mittagessen daheim sein.

Eigentlich muss es schön sein, denkt Beate, nach getaner Pflicht die Mittagspause genießen zu dürfen. Freilich ruft auch hernach gleich wieder die Arbeit und es mag schon ein mühsames Leben sein, ein karges Leben vielleicht, aber doch ein ausgefülltes Dasein.

Endlich kommt ihre Straßenbahn, in die sie sich hineinzwängen muss, um noch einen bescheidenen Stehplatz zu finden. Beate muss durch die ganze Stadt fahren, denn die Villa ihrer Eltern liegt ziemlich weit draußen in einem ruhigen Viertel, abseits von jedem Verkehr. Früher, als Vater noch im Dienst war, haben sie mitten in der Stadt gewohnt. Damals ist auch das Leben der Familie Weinherr noch einfacher gewesen. Immer schon wohl geordnet, gewiss, aber doch eine Existenz in etwas bescheideneren Grenzen, weil man sich eben mit dem Gehalt eines Beamten einrichten musste.

Das allerdings liegt schon mehrere Jahre zurück. Eines Tages machten die Weinherrs nämlich eine größere Erbschaft und ihr Dasein bekam plötzlich ein anderes Gesicht. Herr Weinherr ist allerdings gerade um diese Zeit von einem schmerzhaften Leiden betroffen worden, das ihn gezwungen hat aus dem Dienst auszuscheiden und sein Leben im Rollstuhl zu verbringen. Nur noch für seine Rosen lebt er, die in reicher Fülle im großen Garten der Villa blühen. Dieser Garten ist in seiner Schönheit ein Paradies. Tausend Rosen blühen wohl darin, die schönsten und seltensten ihrer Art.

Doch dieses Rosenparadies verbirgt sich fast ängstlich vor den Augen anderer Menschen. Eine hohe Mauer schließt es hermetisch von der Außenwelt ab und nur durch das kunstgeschmiedete Einfahrtstor kann man einen Blick auf die weiße Villa tun, die von hohen Ziersträuchern umschattet ist.

Alles in allem hat es den Anschein, dass hier Menschen wohnen, die sich gänzlich vom Treiben der Welt zurückgezogen haben und nur noch Ruhe wollen. Das trifft aber nur bedingt zu, denn die Frau des Hauses will von Ruhe nichts wissen.

Nichts hasst Margret Weinherr so sehr wie diese Zurückgezogenheit. Ist sie denn schon alt mit ihren fünfundvierzig Jahren? Ist es nicht tödlich langweilig, den ganzen Winter hier verbringen zu müssen, obwohl es an Geselligkeit wirklich nicht mangelt? Wenn es Sommer wird, dann fliegt Margret aus. Sie reist gern und viel von Bad zu Bad, trinkt dort ein Heilwasser, tut hier etwas gegen ihre Krankheiten, die sie gar nicht hat, und lässt sich bewundern. Und es gibt immer viel Aufregung und Lärm im Hause des wirklich kranken Erwin Weinherr, bis die Reisepläne genau durchgesprochen, die Koffer gepackt sind und Margret fort ist.

Diesen Sommer aber ist der Reiseplan ins Wasser gefallen. Eine Verschlimmerung seines Leidens hat Herrn Weinherr das ganze Frühjahr hindurch ans Bett gefesselt und keiner hat geglaubt, dass er diesen Anfall überstehen würde. Aber er hat sich durchgekämpft, hat die Krise überwunden. Darüber ist allerdings der halbe Sommer vergangen und Margret Weinherr hat sich schweren Herzens entschlossen in diesem Jahr nicht zu reisen.

Als Beate zu Hause ankommt, erblickt sie zwischen den Rosenstöcken den silbrig schimmernden Scheitel des Vaters. Er ist in seinem Rollstuhl eingeschlafen und die Sonne liegt glühend heiß auf seinem Gesicht. Behutsam schiebt sie den Rollstuhl in den Schatten. Dabei erwacht der Vater.

»Ach, du bist es, Beate? Ist es denn bereits so spät, dass du schon zurück bist? Ich glaube, ich habe geschlafen.«

»Ja, Vater. Ich habe dich nur ein wenig in den Schatten geschoben.«

»Danke, Beate. Aber es macht mir nichts aus – die Sonne, meine ich. Sie ist für alles gut. Willst du ein paar Rosen haben?« Er neigt sich zur Seite und schneidet einige weiße Rosen ab. Eine große Seltenheit ist das, denn der alte Herr geht sehr vorsichtig um mit seinen Lieblingen.

»Bleibst du ein wenig bei mir?«, fragt der Vater.

»Sehr gern«, antwortet Beate und horcht zum Haus hinüber, aus dem eine laute, scheltende Stimme herüberklingt. Frau Weinherr lässt ihren Zorn über diesen verpfuschten Sommer nur allzu gern am Hausmädchen aus.

Der Kranke lächelt nachsichtig. »Du musst heute ein bisschen mit ihr fortfahren«, sagt er mit seiner leisen Stimme. »Deine Mutter wird nervös, wenn sie keine Ablenkung hat.«

Beate ist zwar nicht recht erbaut von diesem Vorschlag, denn mit Margret spazieren zu fahren ist ein recht zweifelhaftes Vergnügen. Aber sie kann dem Vater keinen Wunsch abschlagen und nickt zustimmend: »Wenn du meinst?«

»Wie war es heute beim Tennis?«, fragt der Vater ablenkend.

»Wie immer. Wolfgang Klingerham lässt dich grüßen.«

»War er dein Partner?«

»Er will ja sonst mit niemandem spielen.«

»Das wird schon seinen Grund haben. Du willst es nur immer noch nicht merken, Beate.«

»O doch, Vater. Ich weiß genau, was es zu bedeuten hat. Aber ich mache mir nichts daraus.«

»Du solltest dir das doch überlegen, Beate. Wolfgang wird einmal den umfangreichen Betrieb seines Vaters übernehmen. Und er ist ein tüchtiger Mensch, das lässt sich nicht bestreiten.«

Beate sieht den Vater an. Um ihren Mund zuckt es. »Ein tüchtiger Mensch? Er spielt ausgezeichnet Tennis, fährt ein teures Auto, trägt tadellose Anzüge, tanzt gut, kennt die neuesten Hits und setzt sich einmal sorglos in das warme Nest, das sein Vater ihm hergerichtet hat. Ob dazu große Tüchtigkeit gehört?«

Erwin Weinherr sieht seine Tochter aufmerksam an. »Manchmal hast du sonderbare Gedanken, Beate.«

»Weil ich das Leben – unser Leben manchmal gar nicht recht begreife. Wenn andere Menschen arbeiten, damit sie leben können, spielen wir Tennis, reiten oder fahren Auto, nur um die Zeit totzuschlagen. Schau einmal, Vater, ich zum Beispiel weiß gar nicht, wie das ist, sich selber etwas zu verdienen und sich dann mit diesem selbst verdienten Geld etwas kaufen zu können.«

»Vielleicht hat du Recht, Beate.« Des Vaters schmale Hände gleiten zitternd über die Decke auf seinem Schoß. »Aber lass nur diese revolutionären Gedanken nicht vor deiner Mutter laut werden. Im Übrigen, denke ich, wird es Zeit zum Essen sein.«

Beate schaut auf ihre Uhr.

»Ja, es wird gleich so weit sein. Darf ich dich nur noch schnell etwas fragen, Vater?«

»Du weißt doch, dass du mich immer fragen darfst.«

»Liegt es auch in deinem Interesse oder wünschst du es unbedingt, dass ich Wolfgang Klingerham heirate?«

Erwin Weinherr sieht sie prüfend an. »Wenn du ihn nicht liebst, hat es keinen Sinn.«

»Nein, Vater, ich liebe ihn nicht. Und ich danke dir, dass du mich verstehst.«

Beate schiebt jetzt den Rollstuhl ins Haus. Damit die Stufen kein Hindernis bilden, hat man eine kleine Auffahrt angelegt. Die weiten Flügeltüren öffnen sich lautlos und gehen hinter ihnen wieder zu.

Im Speisezimmer ist bereits gedeckt. Der Sohn des Hauses, Alfons Weinherr, wartet dort bereits mit hochmütigem Gesicht auf die anderen. Sosehr man auch den Kranken und seine kleinen Eigenarten heimlich belächelt, wagt es doch niemand, sich herauszunehmen, mit dem Essen anzufangen, bevor der Rollstuhl an die Stirnseite des Tisches geschoben und hochgeschraubt ist, sodass der Kranke aufrecht sitzt wie in einem Stuhl. Man muss sich auch noch so lange gedulden, bis der Vater in einem kurzen, leisen Gebet die Lippen bewegt hat und anschließend sein »Mahlzeit« sagt.

Kerzengerade sitzt Margret Weinherr da und schöpft ihrem Gatten die Suppe auf den Teller. Dann reicht sie den Schöpflöffel hinüber. »Bitte, bediene dich, lieber Alfons.«

Schweigen. Nur das leise Klingeln der Löffel ist zu hören. Alfons hat seine Suppe gegessen, richtet seine Serviette neu und sagt dann: »Dass ich es nicht vergesse, Beate, ich habe für heute Abend noch ein paar Opernkarten. Aida wird gegeben. Du kommst doch mit? Ich werde hernach gleich Wolfgang anrufen.«

Kaum merklich zieht Beate die Brauen zusammen. »Diese Mühe kannst du dir sparen. Vater hat vorhin gerade gesagt, dass ich mit Mutter ein wenig fortfahren soll.«

»Aber bis zum Abend sind wir längst zurück«, schaltet sich Margret ein. »Ruf nur Herrn Klingerham an, Alfons, und gib ihm Bescheid.«

Alfons und Wolfgang sind Freunde seit ihrer gemeinsamen Studienzeit. Dadurch hat Beate Wolfgang Klingerham kennen gelernt.

Beate hat plötzlich das Gefühl, dass es endlich Zeit wird, etwas gegen die Absichten ihrer Mutter und des Bruders zu unternehmen. Vorerst aber schweigt sie, weil sie weiß, dass der Vater es nicht leiden kann, wenn während des Essens so viel gesprochen wird.

Als sie mit dem Essen fertig sind, geht sie dem Bruder ins Nebenzimmer nach und kann ihn gerade noch hindern zu telefonieren.

»Lass das, Alfons! Ich habe heute wirklich keine Lust in die Oper zu gehen.«

»Lust? Dazu braucht man doch keine Lust. Man geht einfach.«

»Nein, dazu muss man innerlich vorbereitet sein. Verdi war ja schließlich kein Schlagersänger und hat ein Anrecht darauf, dass man sich auf sein Werk vorbereitet.«

Alfons zieht die Brauen hoch. »Das sind Ausflüchte. Willst du dich nicht näher erklären?«

»Doch«, sagt Beate schnell und schließt zunächst einmal die Tür hinter sich. »Ich glaube nämlich, dass es Zeit ist, dir reinen Wein einzuschenken. Du brauchst dich in Zukunft nicht mehr zu bemühen, mich und Herrn Klingerham zusammenzubringen. Ich bin selber alt genug um zu wissen, was ich tun muss.«

»Das scheint mir allerdings sehr zweifelhaft«, antwortet Alfons hochmütig und richtet seine Krawatte. »Du spielst doch auch Tennis mit Wolfgang Klingerham.«

»Verpflichtet mich das zu etwas?«

»Natürlich nicht. Aber du darfst nicht vergessen, dass er dich liebt.«

»Warum sagt er mir das nicht selbst? Warum steckt er sich immer hinter dich und du steckst dich dann wieder hinter die Mutter?«

»Was würdest du ihm antworten, wenn er dich selber fragen würde?«

»Ich würde ihm antworten, was mir mein Herz eingibt. Und das sagt Nein.«

»Aha, du liebst einen anderen, das ist es.«

Beate schaut ihn ruhig an. Dann sagt sie: »Du täuschst dich. Es ist mir noch keiner begegnet, für den ich gefühlt hätte, was man fühlen muss, wenn einem jemand die entscheidende Frage stellt.«

Alfons zündet sich eine Zigarette an und schielt über das bläuliche Licht des Feuerzeugs in Beates Gesicht. »Na, dann lass dir nur das Warten auf den Besonderen nicht verdrießen. Sei doch nicht gar so albern! Erwarte dir nur kein Wunder von der Liebe. In Wirklichkeit ist sie doch nichts anderes als ein Glücksspiel. Manchmal trifft man ins Schwarze und dann wieder ganz daneben.«

»Du vielleicht schon. Was ich von der Liebe erwarte, darüber möchte ich mit dir nicht streiten, denn dir fehlt der Sinn dafür. Ich glaube noch immer, dass sie das Größte und Höchste in einem Menschenleben ist. Man müsste bereit sein können für einen Menschen zu sterben …«

»Danke, das Vergnügen überlasse ich gern dir«, spöttelt Alfons. »Was mich betrifft, so hänge ich vorläufig noch viel zu stark an dieser netten und liebenswerten Existenz, die man Leben nennt.«

»Du armer Narr«, sagt Beate und geht hinaus.

In ruhiger Fahrt gleitet der Mercedes auf der gut ausgebauten Straße dahin. Durch dunkle Wälder geht es, dann wieder vorüber an grünen Wiesen und goldgelben Getreidefeldern. Durch das geöffnete Seitenfenster weht Sommerduft herein. Die Sonne steht am wolkenlosen Himmel, die Luft flimmert vor Hitze. Merkwürdig, dass es Menschen gibt, die einem einen solch herrlichen Sonnentag auf jede Weise verderben können. Immer hat Margret Weinherr etwas zu kritisieren und zu nörgeln.

»Siehst du denn nicht, Beate? Dort vorne kommt uns doch etwas entgegen.«

Beate hat es selbstverständlich längst gesehen. Sie sieht auch die Warnungstafel, die ein starkes Gefälle ankündigt.

Aber die Mutter fängt schon wieder zu lamentieren an: »Was ist denn das? Ein starkes Gefälle, nicht wahr? Ich hoffe, Beate, die Bremsen sind in Ordnung.«

»Ich hoffe«, antwortet Beate, »dass Alfons sie nicht zu Schanden gefahren hat.« Beate ist sonst nicht schadenfroh, aber sie weidet sich nun ein wenig an der Angst ihrer Mutter. Sie fasst das als eine kleine Entschädigung für den verdorbenen Nachmittag auf.

»Um Himmels willen, was wird dann, wenn die Bremsen nicht in Ordnung sind?«, jammert die Mutter.

»Dann? Dann – geht es eben dahin.«

»Halte sofort! Ich befehle dir, dass du sofort hältst, Beate. Es muss doch noch einen anderen Weg geben. Oder du musst den ersten Gang hineintun.«

»Der zweite genügt auch«, lächelt Beate. »Es sind nur zwölf Prozent, habe ich gelesen.«

»Ich hoffe, dass der zweite Gang genügt. Mit Alfons ist es schon ein anderes Fahren. Der ist die Sicherheit selbst. Aber bei dir muss man sich ständig aufregen.«

Beate erträgt das alles mit Engelsgeduld und schweigt.

Als sie das Gefälle hinter sich haben und wieder auf ebener Straße sind, sagt Margret: »Damit ich es nicht vergesse, Beate, Herr Klingerham könnte an jedem Finger eine haben und bräuchte nicht auf dich versessen sein.«

»Ist er denn das?«, fragt Beate und wirft einen kurzen Blick auf das Gipfelkreuz eines heranrückenden Berges. Dort oben stehen dürfen, denkt sie inbrünstig. Ganz allein da oben stehen dürfen! Dann müsste man doch herauskommen aus diesem Eingeengten, die Sklavenketten müssten fallen. Ist sie denn im Grunde genommen etwas anderes als eine Sklavin? Immer bevormundet, immer bekrittelt, niemals frei und unabhängig.

»Ich möchte keinen Zweifel daran lassen«, beginnt Margret wieder, »dass uns Wolfgang Klingerham als Schwiegersohn willkommen wäre. Hier gehen wir auch mit dem Vater einig. Ganz abgesehen davon, dass Alfons mit Wolfgang eng befreundet ist.«

»Soll das heißen, dass ich mich auch schon von Alfons bevormunden lassen soll?«

Margret gibt es einen Riss. »Wer spricht denn hier von Bevormundung? Wir haben alle nur dein Bestes im Auge. Und du brauchst gar nicht wieder wie vorhin den Mund zu verziehen. Ich habe es wohl gesehen! Herr Klingerham hätte es nicht nötig, auf dich zu warten.«

»Da hast du vollkommen Recht, Mutter.«

Die Mutter ist nicht ganz sicher, wie das gemeint ist, und sieht Beate fragend ins Gesicht. Aber dieses Gesicht ist unbewegt, es ist ganz ruhig und klar. Die Augen sind in die Landschaft gerichtet. Das blonde Haar flattert im Wind.

Eine Schönheit ist sie, denkt Margret nicht ganz ohne Stolz. Aber was ist eigentlich mit dem Mädel los? Nun ist sie bald zweiundzwanzig, in einem Alter also, wo andere schon verheiratet oder wenigstens verlobt sind. Wie ist es nun möglich, dass sie an Männern immer noch kein Interesse hat? Oder ist alles nur Maske? Ist diese Ruhe, die von Beate ausgeht, nur ein stilles Wasser, das tief gründet? Vielleicht hat sie ihr Herz schon an einen anderen verschenkt? Dieser Gedanke durchfährt Margret Weinherr wie ein brennender Schmerz.

»Höre, Beate, hast du dich vielleicht hinter unserem Rücken schon anderweitig gebunden?«

Beate schüttelt lachend den Kopf. »Was du für Sorgen hast, Mutter.«

»Bin ich froh!« Margret begleitet ihre Worte mit einem tiefen Seufzer.

»Warum bist du darüber froh, Mutter?«

»Weil ich mir nicht vorstellen kann, dass es ein anderer wäre. Wir haben Herrn Klingerham schon so in unseren Kreis einbezogen, dass es nicht denkbar wäre, wenn es anders käme.«

»Wenn ich ihn aber gar nicht liebe?«

»Das wäre ja noch schöner! So einen Menschen muss man eben lieben. Deine Vorstellungen von der Liebe scheinen recht merkwürdig zu sein.«

»Aha, mein gutes Bruderherz hat wieder einmal gequatscht?«

»Beate, ich muss dich bitten! Alfons quatscht nicht. Er hat sich nur offen mit mir ausgesprochen. Er ist eben offenherziger als du und hat mehr Vertrauen zu seiner Mutter. Es wäre gut, wenn du das etwas beherzigen würdest. Du hörst doch zu, Beate?«

»Ich höre schon zu, Mutter. Aber es wäre besser, wenn wir von etwas anderem sprächen. Schau, der Tag ist doch so schön. Warum wollen wir ihn uns mit nutzlosem Gerade verpatzen?«

»Du hast eigentlich Recht. Aber den Mund brauchst du nicht wieder zu verziehen, wenn von Wolfgang Klingerham die Rede ist.«

Beate schweigt nur. Sie muss ihre ganze Aufmerksamkeit auf den Verkehr lenken. Sie fahren durch Bad Wiessee, dann die kurvenreiche Strecke nach Rottach, durch Tegernsee und dann den See entlang, um kurz vor Gmund abzubiegen und die Bergstraße zum Café Schwärzenbach hinaufzufahren.

Viel lieber wäre Beate am See geblieben. Da hätte sie sich wenigstens auf ein paar Stunden von der Mutter freimachen können, denn Margret kann nicht schwimmen und hat deswegen eine tiefe Abneigung gegen jedes große Wasser.

Das auf freier Höhe stehende Café Schwärzenbach ist um diese Nachmittagsstunde gut besucht. An der Auffahrt reiht sich Wagen an Wagen. Margret sieht auch schon ein paar Bekannte. Große Freude auf beiden Seiten, gegenseitiges Händeschütteln, und Margret ist mit einem Schlag glänzender Laune.

Die Stunden gehen schnell vorüber und auf einmal ist der Abend da. Leichte Nebel ziehen vom See herauf, auf den Bergen leuchtet in wilder Schönheit das Abendrot.

Eine Bauernfamilie kehrt gerade von der Feldarbeit heim. Groß gewachsene, sehnige Gestalten sind es. Braun gebrannt sind ihre Gesichter, die Arme und die nackten Knie. Der Geruch von frischem Grummet und Wald haftet an ihnen. Obwohl sie sicher einen schweren Arbeitstag hinter sich haben, ist ihre Haltung aufrecht, sie scheinen guter Laune zu sein. Ihre Augen sind blank. Einer pfeift ein Lied.

Beate ist in ein nachdenkliches Träumen versunken und erschrickt über die Stimme der Mutter, die plötzlich neben ihr ist.

»Ich glaube, Kind, wir müssen nun an die Heimfahrt denken. Schade. Wie schnell doch die Zeit vergeht!«

Die Sonne ist nun endgültig schlafen gegangen. Eine große Ruhe lagert über dem See, in dem sich bereits die ersten Sterne spiegeln. Mit aufheulendem Motor fährt Beate über den Gmunder Berg hinauf und lässt auf der schönen Straße den Kilometerzähler bis hundertdreißig steigen.

Die Mutter hat jetzt nichts mehr dagegen einzuwenden. Weit zurückgelehnt sitzt sie neben Beate und lässt ihr Haar im Fahrtwind flattern, der durch das halb geöffnete Fenster hereinweht.

»Das war wirklich ein reizender Nachmittag«, sagt sie einmal. »Warum hast du eigentlich nicht getanzt, Beate?«

»Ich hatte keine Lust dazu.«

»Mitunter bist du so pedantisch wie dein Vater. Im nächsten Sommer musst du einmal mit mir reisen. Ich bin überzeugt, dass du dann aufgeschlossener wirst.«

Der Mond steigt gespenstisch groß hinter den blauen Schatten der Wälder herauf und beleuchtet die Autobahn fast taghell. Schon sieht man in der Ferne den hellen Schein der Großstadt am Horizont. Zuweilen schießt ein Wagen neben ihnen vorbei, manch anderen überholen sie. Als sie zu Hause ankommen, ist es halb elf Uhr.

2

Beate Weinherr hat sich gleich nach dem letzten Ballwechsel von Wolfgang Klingerham verabschiedet und ist ins Klubhaus gegangen um ihre Frisur in Ordnung zu bringen. Als sie wieder herauskommt, steht Klingerham da und wartet auf sie. Beate zeigt Überraschung.

»Ich dachte, Sie wären schon heimgefahren, Wolfgang.«

Er schüttelt den Kopf. »Ich habe heute den Wagen zu Hause gelassen. Darf ich Sie ein wenig begleiten, Beate? Ich weiß wirklich nicht, wie ich den schönen Abend sonst totschlagen soll.«

Was sollte Beate dagegen haben? Auch sie hat noch keine rechte Lust nach Hause zu gehen. Der Abend ist so schön und voll lockender Wärme. Der Wind rauscht in den Bäumen und in den Wipfeln zittert ein sanftes Abendrot. Vom Chinesischen Turm herüber klingt traumverloren eine Walzerweise.

Etwas beklommen geht Beate neben dem jungen Mann. Sie kennt ihn nun seit einem Jahr und doch scheint es ihr, als ginge heute ein Fremder neben ihr. Noch niemals hat er nach dem Tennisspiel auf sie gewartet. Sie betrachtet verstohlen sein Gesicht, ein Gesicht wie hundert andere auch. Vielleicht ist es ein hübsches Gesicht, aber zu weichlich für einen Mann.

In diesem Augenblick fragt er: »Wollen Sie direkt nach Hause, Beate?«

»Eigentlich ja.«

»Keine Lust zu einer Tasse Kaffee? Ein wenig Musik und Tanz?«

»So wie ich bin? Im Sportkleid?«

»Sie sehen in jedem Kleid fabelhaft aus.«

»Soll das eine Schmeichelei sein?«, lacht Beate.

»Ihnen braucht man nicht zu schmeicheln, Beate. Aber – könnten wir uns vielleicht hier auf eine Bank setzen? Vorausgesetzt natürlich, dass Ihnen meine Gegenwart nicht lästig ist.«

»Lästig? Nein, wie kommen Sie darauf, Wolfgang? Wenn Sie mir lästig wären, hätte ich niemals mit Ihnen Tennis gespielt.«

Wolfgang Klingerham steuert auf eine Bank zu, wischt mit seinem Taschentuch darüber und lässt erst Beate Platz nehmen.

»Das sagt eigentlich gar nichts, Beate. Tennis spielen kann man mit jedem.«

Beate gibt keine Antwort. Aber ihre Spannung wächst. Sie sieht etwas Unentrinnbares auf sich zukommen. Der Wind singt sein Abendlied in den Büschen. Manchmal geht ein Liebespaar vorüber, eng aneinander geschmiegt.

Beate fühlt, wie sich etwas Schweres auf ihr Herz senkt. Sitzt sie nicht selbst mit einem jungen Mann auf einer Bank, ein wenig verborgen von den tief hängenden

Ästen einer Birke? Ja, aber es ist alles so fremd. Der Mann scheint die Sprache verloren zu haben, er weiß absolut nichts zu sagen. Die Tennisschläger liegen zwischen dem hellen Saum ihres Kleides und ihm. Ein Hindernis sozusagen, eine kleine, selbst gesetzte Grenze …

Vielleicht empfindet das auch Wolfgang Klingerham. Es ist seltsam, denn sonst ist er Mädchen gegenüber alles andere als schüchtern. Aber diese hier, die ist von anderer Art. Bei ihr kann es keine Tändelei geben, kein Spiel, wie er es kennt und liebt. Darum ist es auch nicht so einfach, die Tennisschläger fortzunehmen, die kleine Grenze zu beseitigen, das Mädchen einfach in die Arme zu nehmen und zu küssen.

Beate Weinherr ist ihm keineswegs gleichgültig. Auch haben ihm die Eltern schon einige Male Vorhaltungen gemacht, er möge sich nun ernstlich binden. Frau Weinherr hat gelegentlich einmal durchblicken lassen, dass Beate ein Vermögen von mindestens einer Million Mark zu erwarten habe. Das Geschäft, das er von seinem Vater übernehmen soll, kann eine solche Auffrischung gut brauchen. Also liegt es jetzt nur an ihm, ein Mann zu sein, der sich der Stunde gewachsen zeigt.

Immer stiller wird der Abend, immer tiefer das Schweigen ringsum. Aber das Mädchen hat so etwas Unnahbares. Ohne dass sie etwas sagt, baut sie eine unsichtbare Grenze zwischen sich und ihm auf. Verzweifelt sucht er nach einem richtigen Anfang und plötzlich hört er sich sprechen. Ja, er erschrickt fast, als er seine eigene Stimme hört.

»Ich habe eigentlich schon lange auf solch eine Stunde mit Ihnen gewartet, Beate.«

Beate hat die Hände im Schoß gefaltet und blickt durch die Äste der Birke, wo sie ferne einen Stern flimmern sieht. Sie wendet den Kopf auch jetzt nicht, als

Wolfgang Klingerham die Tennisschläger wegnimmt und auf die andere Seite legt. Erst als er plötzlich ganz nahe an sie heranrückt, sieht sie ihn an.

»Ich hatte immer den Eindruck, Wolfgang, dass Sie sich woanders viel wohler fühlen als in meiner Nähe.«

»Woanders? Wo denn?«

»Bei Tanz und Wein und – schönen Frauen.«

Klingerham runzelt die Stirn. Das mit den schönen Frauen hätte sie nicht zu sagen brauchen. Sie ist viel schwieriger, als ich gedacht habe, denkt er.

»Sie mögen vielleicht Recht haben. Aber manches sieht doch in Wirklichkeit ein wenig anders aus, als Außenstehende es gerne deuten. Und dann, Beate, man wird doch auch älter und fängt an vernünftiger zu denken. Sehen Sie, Beate«, er legt plötzlich seine Hand beschwörend auf die ihre, »ich wollte schon so oft mit Ihnen sprechen. Aber Sie waren immer so kalt, so unnahbar, Sie haben mich immer mutlos gemacht. Und doch liebe ich Sie seit langer Zeit, Beate. Das kann Ihnen doch unmöglich entgangen sein.«

Rasch entzieht ihm Beate ihre Hand. »Zu wie vielen haben Sie denn das schon gesagt?«

»Bitte, Beate, missverstehen Sie mich nicht. Ich habe gesagt, dass ich Sie liebe. Das ist doch nicht gleichbedeutend mit vorübergehender Verliebtheit. Das gehört ja alles der Vergangenheit an.«

»Einfach weggewischt und abgetan?«, fragt sie voll Staunen.

Wolfgang Klingerham lächelt, aber sein Schwerenöterlächeln will ihm nicht recht gelingen unter ihrem forschenden Blick.

»Wolfgang, ich habe Sie vor etwa vierzehn Tagen in Begleitung einer Frau ins Café Luitpold gehen sehen. Sie brauchen gar nicht verlegen werden oder mir Rechenschaft ablegen. Ich wollte Ihnen nur sagen, dass es mich doch etwas merkwürdig berührt, wenn Sie heute zu mir von Liebe sprechen.«

Ich habe es verkehrt angepackt, denkt Wolfgang Klingerham. Sie hat mich also mit Anita gesehen, mit diesem verteufelten Mädel. Wie Licht und Schatten stehen Beate und Anita gegeneinander. Und doch lässt es sich nicht leugnen, dass auch Beate ihn heftig erregt und sein Blut rebellisch macht. Es geht ein Fluidum von ihr aus, das berauschen kann. Ganz heiß steigt es in ihm auf, in seinen Schläfen pocht es und es mag wohl die Dunkelheit sein, die ihm plötzlich den Mut gibt, ihr den Arm um die Hüfte zu legen, sie zu küssen und zu sagen, dass er sie liebe und niemals wieder nur den kleinsten Gedanken an eine andere verschwenden werde.

Beate vernimmt jedes einzelne Wort, lässt es tief in ihr Inneres fallen. Sie spürt seinen warmen Atem und sie empfindet mit einem Mal keine Angst mehr. Nur ein noch unbekanntes Erwarten ist in ihr.

Doch plötzlich reißt sie sich los von ihm und steht auf. »Lügst du auch nicht?«, fragt sie tief erschrocken.

Rasch erhebt auch er sich und greift nach ihren Händen. »Beate! Für was hältst du mich denn eigentlich!«

Sie schlägt die Hände vors Gesicht. »Was habe ich nur getan. Ich hätte es nie tun dürfen, denn – ich liebe dich doch nicht!«

Wolfgang versucht sie zu beruhigen. Aber es hilft nichts. Sie ist verstört und schließlich sagt sie: »Lass mich heimgehen, bitte lass mich allein gehen. Ich muss mit mir selber fertig werden.«

»Nimmst du mir jede Hoffnung, Beate?« Sein Gesicht ist voll Traurigkeit. Ganz leise sagt er: »Ich liebe dich doch wirklich, Beate …«

»Du musst mir Zeit lassen, Wolfgang. Vielleicht kann

ich doch noch an dich glauben. Ich weiß noch nicht, wie alles sein wird morgen – wenn der Tag da ist.«

Rasch geht sie davon. Er ruft ihr nach, dass sie ihren Tennisschläger vergessen habe. Aber sie hört nicht mehr und so nimmt er ihn mit.

Als Beate nach Hause kommt, sitzen die Mutter und der Bruder noch im Wohnzimmer. Alfons hat sich in einen Klubsessel gelümmelt und hängt beide Beine über die Lehne. Die Mutter schält gerade eine Orange. Vier Augen richten sich auf Beate, als sie eintritt.

»Wo warst du so lange, Kind?«, fragt Margret Weinherr und es ist ihr anzumerken, dass sie ihre Neugierde kaum beherrschen kann.

Beate schaut auf die hohe Standuhr. »Ach, elf Uhr ist es schon. Ich hätte nicht gedacht, dass es schon so spät wäre.« Sie streicht sich müde über die Stirn. »Wo nur die Zeit hingekommen ist.«

Die Mutter fiebert vor Ungeduld. »Darf man nicht wissen, wo du so lange gewesen bist?«

»Natürlich darfst du es wissen, Mutter. Ich bin mit Wolfgang Klingerham spazieren gegangen.«

Da lächelt Margret wie von einer schweren Last befreit. Sie wechselt einen Blick mit dem Sohn. Alfons nimmt die Beine von der Stuhllehne und sagt: »Ach, deshalb hat Wolfgang unsere Verabredung vergessen.«

Beate hebt aufhorchend den Kopf. »Hattet ihr etwas verabredet? Mich wundert, dass Wolfgang davon nichts erwähnt hat.«

»Es war durchaus nichts Wichtiges und lässt sich gelegentlich nachholen«, beeilt sich Alfons zu versichern. »Aber setz dich doch. Mach's dir gemütlich! Zigarette gefällig?«

»Du weißt doch, dass ich nicht rauche, Alfons.«

»Ach ja, richtig. Aber nun erzähl mal, wie es war.«

Alfons hat sich eine Zigarette angezündet und bläst schwungvoll den Rauch gegen die Decke. »Das interessiert mich riesig.«

Eine tiefe Falte gräbt sich in Beates Stirn. »Was geht denn dich das an, Alfons? Ich kümmere mich doch auch nicht um deine Angelegenheiten.«

»Ganz recht, mein Kind«, pflichtet ihr auch die Mutter bei. »Das ist deine Angelegenheit und – ein klein wenig auch die meine. Ich komme später noch auf dein Zimmer, liebes Kind. Und dann wirst du mir dein Herz ausschütten. Vor einer Mutter gibt es keine Geheimnisse.«

»Es gibt Dinge, mit denen man erst selber ins Reine kommen muss«, antwortet Beate und geht hinaus.

Droben in ihrem Zimmer wirft sie sich angekleidet auf das Bett und verschränkt die Arme hinter dem Kopf.

Wie ist das doch heute anders als die Wochen und Monate vorher. Ihr Herz klopft in einem anderen Rhythmus. Diese eine Stunde unter den hängenden Birkenzweigen hat ein Klingen in ihr Herz gebracht, das auch jetzt noch da ist. Alle früheren Bilder und Vorstellungen zerfließen ins Nichts.

Und doch, und doch! Tief im Grunde ihres Wesens spürt sie, dass Wolfgang Klingerham nicht der Gefährte sein kann, der immer in ihren Träumen gelebt hat. Wäre es so, dann müsste doch jetzt alles nach ihm rufen, müsste sie sich nach ihm sehnen und die Nacht dürfte keine Nacht sein, sondern ein schimmerndes Meer, in dem sie untergehen und versinken möchte. Aber nichts von alledem. Nur eine leise Scham ist da, wenn sie daran denkt, dass sie heute zum ersten Mal einen Mann geküsst hat.

Zaghaft pocht es an der Tür. Beate hält den Atem an.

»Schläfst du schon, Beate? Ich bin's, Mutter.«

Ruf du nur, Mutter, denkt sie. Ich habe dir nichts zu erzählen, was des Erzählens wert wäre.

Beate hört, wie sich Schritte entfernen; eine Tür fällt leise ins Schloss, dann ist wieder Stille.

Am nächsten Morgen sieht Beate alles unerbittlich klar. Das gestrige Erlebnis, nun aller Geheimnisse der Nacht entkleidet, hat nicht einmal mehr einen Schimmer von Romantik.

Noch während Beate durch den Garten geht und sich an dem schweren Geruch der dunklen Rosen freut, fährt ein Wagen vor. Sie erkennt ihn schon am Motorengeräusch. Es ist der Wagen von Wolfgang Klingerham.

Da geht der junge Mann auch schon rasch auf dem bekiesten Weg zum Haus ohne sie zu bemerken. Beate fühlt ihr Herz bis zum Hals herauf schlagen. Gleich darauf hört sie die Mutter rufen.

Es bleibt ihr nichts anderes übrig als ins Haus zu gehen. Sie sitzen in der Diele zusammen: der Vater in seinem Rollstuhl, die Mutter links und Wolfgang Klingerham rechts von ihm. Alfons ist bereits im Geschäft. Das Mädchen bringt gerade eine Erfrischung herein. Wolfgang eilt Beate entgegen und reicht ihr die Hand.

»Du hast gestern deinen Tennisschläger vergessen – im Klubhaus. Ich habe ihn dir hergebracht«, sagt er.

»Danke«, sagt Beate und hat nicht den Mut, ihn anzusehen, obwohl sie fühlt, dass sein Blick auf den ihren wartet.

Da sagt Margret: »Ich habe mich schon gewundert, dass Beate heute Morgen gar nicht zum Tennisspielen ging.«

Sofort antwortet Wolfgang: »Wir hatten es gestern so ausgemacht, Frau Weinherr.« Er lächelt ein wenig.

»Natürlich könnte Beate auch einen anderen Partner finden, aber ich bin ihr für gestern noch Revanche schuldig und war heute Früh verhindert.«

Für diese kleine Lüge ist Beate ihm im Stillen dankbar. Sie ist aber doch befremdet, dass er mit einer solchen Virtuosität lügt. Wolfgang Klingerham ist nicht das erste Mal in diesem Haus. Seine Freundschaft mit Alfons hat das so ergeben. Aber heute ist etwas anders. Margret fühlt es mit feinem Instinkt und außerdem hat Herr Klingerham Beate vorhin geduzt. Na ja, sie ist jedenfalls restlos zufrieden. Wenn die lieben Kinder nur mehr aus sich herausgehen wollten. Sie kann es kaum mehr aushalten und plappert: »Beate hat uns schon erzählt, dass sie gestern mit Ihnen noch zusammen war.«

Klingerham sucht schnell Beates Blick und sieht, dass sie leicht errötet ist.

»Jawohl«, sagt er artig. Wir haben im Klubhaus noch ein Glas Wein getrunken. Es waren eine Menge Leute da und – es war sehr nett.«

Dann unterhält er sich wieder mit Erwin Weinherr und schaut alle Augenblicke auf seine Uhr wie ein viel beschäftigter Mensch. Wahrscheinlich geht es ihm auch darum, möglichst schnell von hier fortzukommen. Als es endlich so weit ist, dass er ohne den Anstand zu verletzen aufbrechen kann, verabschiedet er sich. Es lässt sich nicht vermeiden, dass Beate ihn hinausbegleitet.

Schweigend gehen sie nebeneinander den Gartenweg entlang bis zum Tor. Dort legt Wolfgang seine Hand auf Beates Arm.

»Bist du mir böse wegen gestern, Beate?«

Sie schaut ihn offen an. »Böse nicht. Wolfgang. Aber es wäre mir lieber, wenn ich diese Stunde ungeschehen machen könnte.«

»So wenig glaubst du mir?«

Sie hebt die Schultern und lässt sie hilflos wieder fallen. »Woher sollte ich denn plötzlich den Glauben an dich haben? Noch vor kurzem hast du alle möglichen anderen Frauen viel interessanter gefunden.«

»Das stimmt nicht. Aber es ist mir halt nicht gegeben, zu zeigen, was mein Herz fühlt. Bist du heute nur deswegen nicht zu Tennis gekommen um mir nicht zu begegnen?«

»Ja, Wolfgang, so ist es.«

»Ich habe kommen müssen, Beate«, sagt er nach einer Weile und schaut auf seine Schuhspitzen nieder. »Ich hatte zu nichts Lust und musste dich sehen und sprechen.«

»Ich habe dich aber doch gestern gebeten, mir Zeit zu lassen.«

Er hebt rasch den Kopf. »Um zu wissen, ob man liebt, braucht man doch nicht viel Zeit. Das Herz muss die Antwort bereithaben, so oder so.«

»Das Herz, ja. Das ist es. Aber sei mir nicht böse, Wolfgang. Mein Herz weiß – noch keine Antwort.«

»Es wird noch Ja sagen, Beate. Ich lasse mir den Glauben daran nicht nehmen. Aber ich will geduldig sein. Nur eines versprich mir, Beate, komm morgen wieder zum Tennis.«

»Ja, das verspreche ich dir.«

»Ich danke dir, Beate. Und nun – auf Wiedersehen.«

»Auf Wiedersehen, Wolfgang.«

Bevor er das schmiedeeiserne Tor öffnet, dreht er sich nochmals um. »Ich weiß, Beate, um dich zu erringen, muss ich das Tor der Vergangenheit ganz zuschlagen und ein neues Leben beginnen.«

Diese Worte schwingen noch eine Weile in ihr nach.

Längst ist Wolfgang in seinem Wagen fortgefahren und Beate wandert immer noch im Garten auf und ab.

Singendes Summen klingt durch Büsche und Sträucher, und schwer und süß, wie das Schicksal selbst, liegt die Luft über dem großen, schweigenden Garten.

3

Es ist nicht abzuleugnen, Klingerham hat ein anderes Leben begonnen. Leicht fällt ihm das nicht, denn er nimmt das Leben lieber locker. An Beate dagegen ist alles ernst und schwer. Ihre Liebe ist wie eine unerschlossene Landschaft, die sich jeder zu betreten scheut. Es müsste schon ein Mann kommen, der sie mit stürmischem Werben einfach überrumpelt.

Unentwegt fragt sich Wolfgang Klingerham, warum er den Mut dazu nicht aufbringt. Er ist doch sonst immer ein Draufgänger gewesen. Dabei ist es diesmal wirklich ein tieferes Gefühl, das ihn an Beate Weinherr bindet. Doch wartet er vergebens auf eine Stunde, wie er sie einmal unter der Birke erlebt hat. Sie will einfach nicht wiederkommen, diese Stunde. Beate lässt es wohl geschehen, dass er den Arm um sie legt, aber seine Zärtlichkeiten entflammen sie nicht. Sie dringen nicht in ihr Inneres, es ist eine kalte Mauer der Abwehr da.

Wolfgang bemerkt wohl diese Mauer und bemüht sich Beate mit seiner Ungeduld und seinen wilden Wünschen nicht zu erschrecken. Er ist rücksichtsvoll und aufmerksam zu ihr, ist ein vollendeter Kavalier in jeder Beziehung.

So bleibt es denn nicht aus, dass Beate ihm von Tag zu Tag geneigter wird. Und wenn ihr auch seine Zärtlichkeiten kein allzu großes Glück zu schenken vermögen, so duldet sie sie doch ohne sich zu wehren. Wenn sie jetzt manchmal seinen Namen ausspricht, so liegt darin ein eigener Klang, es schwingt darin schon etwas wie Zusammengehörigkeit mit. Ja, es kommt mit der Zeit so, dass sie sich freut, wenn er sie sonntags in seinem Wagen abholt.

Natürlich bleibt all dies im Hause Weinherr nicht verborgen. Alfons versteht nicht ganz, dass ein Mensch wie Wolfgang Klingerham sich um eines Mädchens willen so verwandeln kann. Aber schließlich ist dieses Mädchen seine Schwester, seine Schwester Beate mit ihrer Gefühlsduselei, die in der Liebe ein Wunder sehen will. Alles Blödsinn, alles Spinnerei, denkt Alfons in seiner leichten Art.

Der Vater ist zufrieden, dass es so gekommen ist, und bedauert jetzt mehr als früher, ein geschlagener Mann zu sein, wo seine Tochter nun bereit ist in ein neues Leben zu gehen. Ach, es ist ihm nicht wie anderen Vätern vergönnt, sich mit seiner großen, schönen Tochter in der Öffentlichkeit zu zeigen.

Seine Frau nimmt die Sache natürlich überaus wichtig. Sie hat den festen Willen, die Angelegenheit nicht mehr aus den Augen zu lassen. Ja, sie fühlt sich wie ein Fährmann im Auftrag des Schicksals und sie ist unter allen Umständen entschlossen das Steuer so zu führen, dass das Schifflein bald in den sicheren Hafen einläuft.

Dies ist dann auch einmal Gegenstand einer ernsthaften Familienaussprache. Vielleicht merkt Frau Weinherr auch, dass Beate nicht ganz bei der Sache ist, und darum will sie die baldige Verlobung um jeden Preis.

Nach einem Mittagessen setzt Margret eine wichtige Miene auf und sagt zu Alfons, der gerade gehen will: »Willst du nicht noch ein wenig hier bleiben, Alfons? Ich hätte nämlich etwas sehr Ernsthaftes zu besprechen, das uns alle angeht. Mit Vater bin ich darin vollständig einig. Er teilt meine Meinung.« Sie lehnt sich im Stuhl weit zurück und sieht Beate an. »Es handelt sich um dich, Beate.«

»Um mich?«

»Ja, mein Kind. Wir wissen alle, dass du den jungen Klingerham liebst, und – was mich und Vater betrifft – wir haben nichts dagegen. Warum verlobt ihr euch nicht?«

Beate hat plötzlich das Gefühl, als säße ihr in der Mutter eine geschäftstüchtige Heiratsvermittlerin gegenüber. Ach, dass sie gar keinen Menschen hat, der ihr in dieser Zeit ihrer größten Verwirrung Rat und Hilfe geben kann.

»Wir haben wirklich darüber noch nicht gesprochen«, sagt sie schließlich.

»Auch noch nicht daran gedacht?«

»Was mich betrifft, so habe ich noch nicht daran gedacht.«

»Ich finde das unverständlich«, meint Margret. »Was ist deine Meinung, Erwin?«

Der Kranke sitzt in diesem Augenblick recht hilflos in seinem Rollstuhl. Man kann sich nicht vorstellen, dass dieser Mann neben einer solchen Frau eine eigene Meinung haben könnte. Aber es lebt in dem geschlagenen Körper noch eine Menge altüberlieferter Ordnungssinn, sodass er nichts anderes sagen kann als: »Natürlich müsst ihr euch verloben. Ich verstehe nicht, wie sich Herr Klingerham das denkt.«

Alfons, um seine Meinung befragt, bläst natürlich ins gleiche Horn, obwohl er sonst in seinen Grundsätzen ziemlich großzügig ist. Jedenfalls steht Beate ganz allein da und bekommt nichts anderes zu hören, als dass es mit dem Ansehen der Familie Weinherr nicht vereinbar sei, eine Lage aufrechtzuerhalten, bei der die Leute von einem »billigen Verhältnis« sprechen könnten.

Nach endgültigem Beschluss des Familienrates wird Erwin Weinherr demnächst mit dem jungen Klingerham sprechen, falls der binnen acht Tagen nicht von selbst komme, um in aller Form um Beates Hand anzuhalten.

Beate ist somit endgültig vor eine Entscheidung gestellt worden.

Als sie ein paar Tage später mit Wolfgang nach dem Tennisspiel in einem kleinen Café sitzt, nimmt sie sich vor, ihm zu sagen, wie man bei ihr zu Hause über das »Verhältnis« denkt. Aber dann findet sie nicht den Mut dazu. Sie ist auch der Meinung, dass das Gespräch von ihm ausgehen müsste. Wolfgang ist an diesem Nachmittag ausgesprochen lustig, macht kleine Andeutungen, dass er eine Überraschung für sie hätte, und spricht sich doch nicht aus.

Als sie später ins Auto steigen, denkt sie, dass er sie irgendwo ins Freie hinausfahren will, ins Isartal vielleicht, oder in die nahen Berge. Es ist so ein schöner Herbsttag, einer von jenen, die noch ein Gottesgeschenk sind um diese Zeit. Es ist doch schon Ende Oktober.

Dagegen hält Wolfgang nach kurzer Fahrt bereits vor dem großen Geschäftshaus seines Vaters. Beate hört ihr Herz angstvoll schlagen.

»Du brauchst keine Angst haben, Beate. Ich habe meiner Mutter versprochen, dich zu ihr zu bringen. Sie erwartet dich heute.«

Beate fühlt, während sie die teppichbelegten Stufen hinaufschreitet, dass sich in dieser Stunde wieder ein Blatt in ihrem Lebensbuch wenden wird. Es gibt kein Entrinnen mehr und immer klarer sagt ihr der Verstand, dass sie wohl Wolfgang Klingerhams Frau werden wird.

Sie kennt seine Mutter nicht und macht sich schon bereit, von strengen, forschenden Augen betrachtet zu werden.

Ein Mädchen öffnet. Es macht einen artigen Knicks und nimmt Beate den Mantel ab. Dann wird Beate von Wolfgang in einen großen, mit schönen Biedermeiermöbeln ausgestatteten Raum geführt, in dessen Fensternische seine Mutter an einem Nähtischchen sitzt.

Frau Klingerham hat – obwohl erst fünfzig Jahre alt – schon silberweißes Haar. Doch es ist viel Jugendlichkeit in ihr, als sie jetzt aufsteht und Beate entgegengeht. Sie streckt ihr mit freundlicher Gebärde die Hand hin.

»Herzlich willkommen in unserem Haus, Beate.«

Wie wenn im heißen Sommer ein kühler Regen die Erde erfrischt, so öffnet sich Beates Herz, als sie von dieser Frau beim Vornamen angeredet wird. Sie fühlt, dass es hier keine Schranke gibt, sondern nur Herzlichkeit und viel mütterliches Entgegenkommen. Es geht eine solch wohl tuende, stille Kraft von dieser Frau aus, dass sich Beate im ersten Augenblick schon wie zu Hause fühlt.

Nachdem sie Platz genommen hat, fragt Frau Klingerham: »Na, ein wenig Angst gehabt, Beate? O ja, ich weiß selber, wie das ist. Aber ich freue mich, dass ich Sie endlich kennen lernen darf. Bitte, fühlen Sie sich ganz daheim bei uns.«

Das ist wirklich nicht schwer. Ist im Hause der Eltern alles steif, hier ist alles freier, behaglicher und – wärmer. Das ändert sich auch nicht, als der alte Herr Klingerham später zum Kaffee erscheint. Er ist ein fröhlicher Herr mit Bäuchlein und Doppelkinn, dem der Schalk in den Augenwinkeln sitzt. Als Beate sich später auf Wolfgangs Drängen ans Klavier setzt und einiges vorspielt, nickt Vater Klingerham lächelnd seinem Sohn zu und sagt: »Die ist schon richtig. Respekt vor deinem guten Geschmack.«

An diesem Nachmittag entscheidet es sich auch, dass bald Verlobung gefeiert werden soll. Beate empfindet nun plötzlich gar keine Abneigung mehr dagegen, und als Wolfgang sie am Abend in seinem Wagen nach Hause bringt, da ist ihr Herz in seliger Bereitschaft, sodass sie ihren Arm um seinen Nacken legt und ihn küsst.

Weihnachten fällt in diesem Jahr so, dass nach dem zweiten Feiertag ein Sonntag kommt, also drei Feiertage aufeinander folgen. An diesem Sonntag findet im Haus Weinherr die Verlobung statt.

Feste zu arrangieren, das hat Margret immer schon verstanden. Das Hausmädchen hat alle Hände voll zu tun, bis alles so ist, wie Frau Weinherr es haben will. Geladen sind nur die allernächsten Verwandten.

Beate sieht sich an diesem Abend in den Mittelpunkt gerückt und fühlt sich beengt. Mein Herz müsste jauchzen, denkt sie, aber es jauchzt nicht, es wird nicht froh. Es ist ihr viel eher zum Weinen zumute, als der Vater in seinem Rollstuhl das Glas erhebt ohne sich dabei zu seiner kurzen Ansprache aufrichten zu können. Es sieht so aus, als ob er mit leiser Traumstimme etwas über die festliche Tafel hin spräche.

Beate schaut dabei auf Wolfgang. Er sieht in seinem Smoking imponierend aus und ist von der Bedeutung dieser Stunde erfüllt.

Es wird dann auch davon gesprochen, dass im Sommer die Hochzeit sein soll, und Alfons, der flotte Bruder, verspricht, bis zu diesem Termin auch so weit zu sein, seinen Eltern eine Braut vorstellen zu können.

»So merkt man, dass man alt wird«, sagt Margret bei dieser Gelegenheit und wartet darauf, dass ihr jemand das Gegenteil sagt. Es wird ihr auch sogleich von allen Seiten bestätigt, wie jugendlich und frisch sie aussehe.

Erst spät nach Mitternacht findet die Feier ihr Ende.

4

Nach trübem Tauwetter lächeln endlich wieder die ersten Sonnentage über dem riesigen Häusermeer der Stadt. In den Anlagen springen die Knospen auf, in den Schaufenstern sind die hellen Sommerkleider ausgestellt und alles deutet darauf hin, dass die Herrschaft des Winters gebrochen ist.

Beate Weinherr ist erfüllt von dem Bewusstsein, dass sie bald das elterliche Haus verlassen wird. Und es tut wirklich kein bisschen weh, dieses Fortgehenmüssen. Sie hat sich innerlich darauf eingestellt, die Frau Wolfgang Klingerhams zu werden. Ein anderes Leben wird beginnen und sie ist überzeugt, dass es nicht schwerer sein wird als jenes, das hinter ihr liegt. Wolfgang ist die ganze Zeit über so zu ihr gewesen, dass ihre Neigung zu ihm immer tiefer wurde. Wenn sie den Ring an ihrem Finger betrachtet, dann denkt sie an ihren Verlobungstag, an dem ihr Herz so gar nicht mitfeiern wollte. Wie dumm ist sie damals noch gewesen! Heute lächelt sie über ihre albernen Mädchenträume, die immer etwas Geheimnisvolles um das Wörtchen Liebe gerankt haben. Stattdessen ist die Liebe so klar, so unkompliziert, so geradlinig. Der Gedanke, einem Menschen für immer anzugehören, ist zwar groß, aber durchaus verständlich.

Öfter ist sie inzwischen bei Klingerhams gewesen. Sie fühlt sich immer mehr hingezogen zu der Mutter ihres zukünftigen Mannes. Die ganze zweite Etage ist geräumt worden, die Maler und Tapezierer walten darin ihres Amtes um alles rechtzeitig fertig zu bringen für das junge Paar.

Eines Tages aber geschieht etwas Unerwartetes. Beate steht gleich vielen anderen an einer Straßenkreuzung und wartet, bis die Fußgängerampel auf Grün springt. Eine

Menge Kraftfahrzeuge warten ebenfalls darauf, losfahren zu dürfen. Soeben gleitet wieder ein eleganter, dunkler Wagen heran und bremst dicht am Straßenrand.

Beate erkennt den Fahrer sofort. Es ist Wolfgang Klingerham. Aber noch ehe sie sich durchdrängen kann um zu ihm zu kommen, hört sie vor sich eine helle Frauenstimme rufen: »Ach, sieh mal an. Da sieht man ja jemand ganz Seltenen. Tag, Wolfgang!«

Wolfgang Klingerham neigt sich aus dem Seitenfenster. Er strahlt sofort über das ganze Gesicht. Beate empfindet es wie einen Schlag und tritt einen Schritt zurück, damit sie nicht gesehen wird.

»Anita!«, sagt er und reicht die Hand heraus. »Das nenne ich aber einen glücklichen Zufall.«

Ein gedämpftes, klingendes Lachen. »Du Schwerenöter, du. Wie darfst du das noch sagen, nachdem du jetzt ernstlich verlobt bist.«

»Verlobt, ja, aber ernst bin ich deshalb nicht«, lacht er zurück.

»Es war nicht schön, Wölfchen, dass du mir das nicht mitgeteilt hast. So habe ich es von Fremden erfahren müssen. Darf ich dir wenigstens noch nachträglich Hals- und Beinbruch wünschen?«

»Danke, danke, Anita. Du – ich möchte gern wieder einmal eine Stunde mit dir plaudern. Hast du nicht ein bisschen Zeit für mich?«

»Du weißt, dass ich immer für dich Zeit habe.«

»Gut, ich habe noch etwas zu erledigen. In einer halben Stunde bin ich im Café Luitpold. Ist es dir recht?«

Beate hört nicht mehr, was die Frau antwortet, so laut und heftig schlägt ihr Herz. Da wechselt die Ampel auf Grün. Wolfgangs Wagen schießt davon, hinter den anderen her.

Als Beate wieder halbwegs klar denken kann, steht sie

allein am Straßenrand. Drüben auf der anderen Seite sieht sie die dunkle Schönheit, die Wolfgang Anita genannt hat, rasch die Straße entlanggehen. Jetzt weiß sie auch, dass sie diese Frau bereits früher mit Wolfgang gesehen hat, schon lange bevor er um sie geworben hat.

Ohne recht zu wissen, was sie aus dieser Situation machen soll, lenkt sie ihre Schritte ebenfalls zum Café Luitpold. Eigentlich, versucht sie sich zu beruhigen, ist doch gar nichts Schlimmes passiert. Warum sollte Wolfgang nicht mit einer alten Bekannten zu einem kleinen Schwätzchen ins Café gehen dürfen? Und doch fühlt sie, dass etwas in ihr im Begriff ist zu zerbrechen. Ganz langsam geht sie dahin und im Gehen streift sie ihren Verlobungsring ab, in dunkler Vorahnung, dass sie ihn fortan nicht mehr tragen wird.

Da es ein schöner Tag ist, kann man im Freien sitzen. Beate sieht die andere sofort, als sie in das Innere des Cafés gehen will. Ihr Fuß stockt, ihr Blick streift die schöne Gestalt, die jetzt den Mantel ablegt und den kostbaren Pelz lässig um die Schultern hängt.

Beate nimmt hinter einem der Ziersträucher Platz, die die Tische voneinander abteilen. Hier sitzt sie gut gedeckt und kann alles überblicken ohne selbst gesehen zu werden.

Es dauert nicht lang, da fährt Wolfgang vor. Mit raschen Schritten kommt er heran und streckt Anita in offensichtlicher Freude die Hand entgegen. Für nichts anderes scheint er Augen zu haben als für diese Frau.

»Ich hoffe, dass ich dich nicht zu lang hab warten lassen«, sagt er.

»Nein, Wölfchen, du bist peinlich pünktlich geworden. Das war man von dir gar nicht gewöhnt. Du bereitest dich offenbar schon auf einen mustergültigen Ehegatten vor.«

»Soll das eine Schmeichelei sein oder Spott?«

»Aber Wölfchen, wie kannst du nur so etwas denken!«

Die Bedienung kommt und Wolfgang bestellt. Dann nimmt er Anitas Hand in die seine und streichelt sie zärtlich.

»Wir wollen ganz vernünftig miteinander sprechen, Anita. Ich weiß, dass ich dich nicht so im Ungewissen hätte lassen dürfen. Aber wie es halt manchmal so geht. Ich habe dich immer für ein einsichtiges Mädel gehalten und denke auch nicht, dass du mir ewig nachtrauern wirst. Aber glaub mir, es kommt mich manchmal verteufelt schwer an, nicht an dich zu denken, und oft war ich schon nahe daran, zu dir zu kommen.«

Beate ist zumute, als habe ihr jemand einen Schlag ins Gesicht versetzt.

»Wirklich?«, fragt Anita. »Und warum hast du dann deinem Gefühl nicht nachgegeben?«

Die Bedienung bringt das Bestellte und Wolfgang wird dadurch einer Antwort enthoben. Eine Weile ist es still zwischen den beiden, bis die Stimme der Frau wieder aufklingt.

»Ist sie schön?«

»Nicht so schön wie du.«

»Ich habe zwar nicht das Vergnügen, sie zu kennen, aber ich habe gehört, sie soll ziemlich langweilig wirken.«

»Na ja. Alle können eben nicht dein Temperament haben. Aber, Anita, wollen wir dieses Thema nicht fallen lassen? Ich freue mich riesig, dass ich dich wieder einmal getroffen habe, und möchte mir diese Stunde nicht verderben lassen.«

»Ach, eine Stunde hast du nur Zeit für mich? Und ich dachte, du würdest den Abend mit mir verbringen.«

Anita neigt sich nahe gegen sein Gesicht, streift ein

paar Mal mit ihrer Stirn über die seine. »Oder bist du so verliebt, dass du es nicht mit deinem Gewissen vereinbaren kannst, wenn du zu mir kommst? Wenigstens um meine neuesten Zeichnungen anzusehen. Oder interessiert dich das nicht mehr?«

»Doch, doch, natürlich. Sehr sogar – Anita, sicher denkst auch du, wie so viele andere, dass ich nun Hals über Kopf verliebt wäre. Aber es wird mehr oder weniger nur eine Vernunftehe werden. Also, wie gesagt, ich will gerne deine neuesten Zeichnungen sehen. Aber heute geht es nicht, vielleicht morgen.«

»Bestimmt kannst du es nicht versprechen?«

»Doch, ich glaube, dass ich es dir bestimmt versprechen kann. Es müsste schon etwas Unvorhergesehenes dazwischenkommen. Aber dann gebe ich dir Nachricht.«

Ein dunkles, schmeichelndes Lachen. »Ich erkenne dich wieder, Wölfchen. Du hast dich im Grunde genommen gar nicht geändert. Oh, ich freue mich auf deinen Besuch. Es wird schön werden, Wölfchen ...«

Beate sitzt wie erstarrt. Mehr braucht sie nicht zu hören. Sie legt ein Geldstück auf den Tisch und geht ungesehen davon.

Sie spürt nun keine Scham mehr und keinen Zorn. Sie weiß nur plötzlich mit unbeirrbarer Sicherheit, dass Wolfgang Klingerham sie später immer wieder betrügen wird. Sie ist zu ruhig, zu still für ihn, zu langweilig, sagt sie sich.

Und doch hat sie in den letzten Wochen an ein Glück mit ihm glauben wollen. Alles ist nun vorüber. Aber es ist auch kein Unglück, dass diese Liebe zu Ende ist.

Glück oder Unglück – er weiß es! Jedenfalls fasst Beate in dieser Minute den Entschluss, von zu Hause fortzugehen. Sie weiß noch nicht, wie und was sie beginnen wird. Vielleicht in ein Bad gehen, in eine Sommerfrische oder eine große Reise antreten und erst zurückkehren, wenn der Sommer vergangen und über allem Wirrwarr, der sich unausbleiblich aus der Situation ergeben muss, Gras gewachsen ist.

Niemand merkt daheim etwas. Oh, sie hat sich großartig in der Gewalt. Was an ihrem Herzen nagt, ist nichts als Traurigkeit darüber, so schmählich enttäuscht worden zu sein, wo sie anfangen wollte zu glauben.

Nach dem Abendessen setzt sie sich an den Flügel. Sie spielt ihre Seele frei von all dem Hässlichen. Der Vater dankt ihr mit nassen Augen für ihr schönes Spiel und selbst die Mutter hält sich gegen ihre sonstige Gewohnheit recht still. Und während wie aus einem jauchzenden Herzen die Musik durch die weit offenen Fenster über die blühenden Gartenbüsche hinbraust, betritt Wolfgang Klingerham leise das Zimmer. Er tritt, nachdem er die anderen durch ein stummes Kopfnicken begrüßt hat, leise hinter Beate, legt einen prächtigen Strauß Treibhausnelken auf den Flügel und bleibt abwartend stehen.

Beate fühlt, dass sie ihn nun ansehen und etwas sagen muss. Aber es ist ihr plötzlich, als sei ihr die Kehle zugeschnürt. Gewaltsam reißt sie sich zusammen. Niemand soll merken, was in ihr vorgeht. Einige Male gleiten ihre Finger noch über die Tasten, dann wird es still im Raum. Langsam steht sie auf und reicht Wolfgang die Hand. Alles ist wie sonst. Man plaudert zusammen und trinkt später noch Kaffee. Und bei dieser Gelegenheit sagt Wolfgang mit bedauernder Miene, dass er für den morgigen Abend leider eine wichtige Besprechung habe. Er habe alles versucht um sich davor zu drücken, es lasse sich aber nicht umgehen.

Bis zu dieser Minute hat Beate eine leise Hoffnung gehabt, dass er vielleicht doch nicht zu der anderen gehen würde. Nun zerbröckelt auch diese.

»Was für eine Besprechung ist es denn?«, fragt sie, nur um etwas zu sagen.

»Geschäftlich natürlich. Früher ist Vater immer hingegangen, aber seit ich angehender Ehemann bin, halst er mir schön langsam auch die geschäftlichen Verpflichtungen auf. Ich hoffe, Beate, dass du mich für diesen einen Abend entschuldigen wirst.«

»O ja, bitte. Ich verstehe durchaus, dass das – Geschäft vorgeht«, antwortet sie gequält.

»Es ist durchaus möglich«, sagt Wolfgang schnell, »dass ich mich etwas früher freimachen kann. Im Übrigen ist es meist todlangweilig bei solchen Besprechungen. Ich darf mir doch erlauben, noch einen Sprung herzukommen, wenn es nicht zu spät ist?«

»Aber natürlich«, sagt Margret an Beates Stelle. »Du kannst jederzeit kommen, lieber Wolfgang. Und dann –« Margret unterbricht sich und schaut Beate an. »Was ist mit dir, Kind? Du bist so blass. Ist dir nicht gut?«

»Mir ist – wirklich nicht gut.« Beate streicht sich mit der Hand über die Augen. »Entschuldigt mich bitte. Es wird schon wieder besser werden, wenn ich mich hinlege.«

Sie reicht Wolfgang die Hand. Kalt und ohne Druck liegen ihre Finger eine Weile in den seinen. Dann geht sie schnell hinaus.

Ihr ist zum Weinen zumute. Wie hat sie sich in ihm getäuscht! Das Gemeinste aber ist, dass er hernach noch zu ihr kommen will. So viel Geschmacklosigkeit hätte sie ihm nicht zugetraut.

Auf dem Kiesweg drunten hört sie seine Schritte. Gleich darauf fährt das Auto an. Die Scheinwerfer geistern über die Gartenbüsche, als er den Wagen wendet und davonfährt. Still ist es wieder um das Haus. Der

Mond scheint silbrig durch die Zweige und die Sterne flimmern ruhig am Himmel.

Beate hat die Hände um das Fensterkreuz geklammert und schaut zu den Sternen auf, als könnte sie von dort Trost und Hilfe erfahren. Aber das ist wohl etwas, mit dem sie ganz allein fertig werden muss. Mit niemandem kann sie darüber sprechen. Am wenigsten mit ihrer Mutter.

In tiefen Zügen atmet sie die reine Luft. Immer klarer reift ihr Entschluss. Ihr ist, als schließe sich ein Tor hinter ihrem bisherigen Leben. Aber sie weiß noch nicht, wie das andere Leben aussehen wird, in das sie morgen eintreten will.

In fieberhafter Eile packt sie zwei große Koffer, schläft angekleidet auf dem Bett noch ein paar Stunden und geht im Morgengrauen aus dem Haus.

5

Wer kann sich die Aufregung im Hause Weinherr vorstellen, als Margret auf dem Frühstückstisch ein kleines Brieflein vorfindet, in dem Beate den Eltern mitteilt, dass sie sich entschlossen habe noch nicht zu heiraten! Sie habe ihre bestimmten Gründe dafür. Wegen der ganzen Aufregung, die ihr Entschluss sicherlich hervorrufen werde, habe sie sich zu dieser plötzlichen Abreise durchgerungen und sei fest entschlossen ein Jahr über diesen Vorfall vergehen zu lassen. Sie hoffe, dass sich bis dahin die Gemüter beruhigt hätten. Gelegentlich werde sie den Eltern auch mitteilen, wo sie sich aufhalte. Fürs Erste sei dies gar nicht so wichtig, denn sie wisse im Voraus, dass man ihr Verhalten kaum verstehen würde.

Margret ist außer sich. Sie bestürmt das Hausmädchen, ob es vielleicht etwas wüsste. Nein, das Mädchen weiß überhaupt nichts. Sie kann nur versichern, dass die Haustüre in der Früh unverschlossen gewesen sei.

Wirklich ruhig bleibt in diesem aufgeregten Hexenkessel nur Erwin Weinherr, obwohl ihm die heimliche Flucht der Tochter viel näher geht als seiner untröstlichen Frau Margret. Sein klarer und nüchterner Verstand sagt ihm, dass es zwischen Beate und Wolfgang Klingerham etwas gegeben haben muss. Ohne Grund hätte Beate sicherlich nicht so gehandelt. Er versucht Margret zu trösten.

»Sie wird in den nächsten Tagen schreiben«, meint er. »Dann wird sich alles klären.«

»Was hilft das?«, jammert Margret. »Sie muss sofort zurückkommen. Ich lasse sie von der Polizei suchen.«

»Das wirst du nicht tun«, antwortet ihr Mann laut und bestimmt, wie man es von ihm gar nicht gewöhnt ist. »Du vergisst, dass Beate volljährig ist und tun und lassen kann, was sie will.«

»Aber ich lasse es durch den Rundfunk bekannt geben«, trotzt die Frau. »Sie muss sofort zurückkommen. Bedenke doch diese Blamage! Sie werden mit den Fingern auf uns zeigen.«

»Auf mich nicht, weil ich mit niemandem in Berührung komme außer mit meinen Rosenstöcken.«

»Leider, leider. Es ist bei uns immer so, dass ich für den Unsinn anderer geradestehen muss. In spätestens sechs Wochen hätte die Hochzeit sein sollen. Es ist doch schon überall bekannt.«

»Ja, ja«, sagt Weinherr nach einer Weile nachdenklich. »Es muss da irgendetwas gewesen sein. Vielleicht kann uns Wolfgang Aufschluss geben. Es ist doch nahe liegend, dass Beate nicht grundlos von uns fortgegangen ist.«

»Ich werde ihn sofort anrufen«, entschließt sich Frau Weinherr. Doch dann besinnt sie sich und will erst mit Alfons sprechen, der gerade geschniegelt und gebügelt zum Frühstück erscheint.

»Ach, Alfons«, überfällt sie ihn sofort und bricht in Tränen aus, »etwas Furchtbares ist geschehen!«

Verdutzt sieht Alfons von einem zum andern. »Was denn, was ist passiert?«

»Beate ist fort! Einfach bei Nacht und Nebel fort!«

»Ach sooo«, macht Alfons gedehnt und schenkt sich Kaffee ein. »Ich dachte an etwas viel Schlimmeres.«

»Für mich gibt es im Augenblick nichts Schlimmeres«, versichert die Mutter und ist kaum fähig ihm ein Brötchen zu streichen. »In sechs Wochen sollte doch die Hochzeit sein.«

»Bis dahin wird sie schon wieder kommen.«

»Das ist ja das Schrecklichste dabei, dass sie das nicht tun wird. Sie will vorerst überhaupt nicht heiraten. Da – lies nur, was sie für einen Unsinn schreibt.«

Als Alfons den Brief gelesen hat, zieht er unwillig die Brauen hoch. »Das ist allerhand.«

»Hast auch du keine Ahnung, ob es da etwas gegeben hat zwischen den beiden?«, fragt der Vater.

Alfons ist völlig ahnungslos.

Der Einzige, der gerade um diese Stunde den wahren Grund erfährt, ist Wolfgang Klingerham, der mit der Frühpost einen Brief erhalten hat.

»Wenn du den Brief in Händen hältst«, heißt es darin unter anderem, »werde ich die Stadt und alles andere bereits weit hinter mir haben. Ich bitte dich, dass du mir gegenüber keinen Zorn empfinden möchtest, wie ich auf dich keinen haben werde, wenn du heute Abend zu deiner wichtigen ›Geschäftsbesprechung‹ gehst. Nicht, dass du es tust, schmerzt mich, sondern dass du mich so kalt belügen konntest. Ich weiß, du wirst zu Anita gehen. Erspare mir Weiteres! Aber ich bin über alles im Bilde, denn ich habe so manches gehört und gesehen, als ich gestern hinter euch beiden im Café Luitpold saß. Aus diesem Grund bin ich fest davon überzeugt, dass es besser ist, wenn wir wieder auseinander gehen. Den Verlobungsring habe ich beigelegt. Deinen Eltern werde ich gelegentlich schreiben und werde schon einen plausiblen Grund für unsere Trennung finden. Hab keine Angst, ich werde nicht verraten, wie du mich belogen und betrogen hast.«

Wolfgang Klingerham beißt sich ärgerlich auf die Lippen. Teufel, was fällt denn dem Mädchen ein, ihn so zu blamieren! Er lässt den schmalen Goldreif, der dem Brief beigegeben ist, in die Westentasche gleiten und zerreißt den Brief in kleine Stücke, die er in den Ofen wirft.

Da läutet das Telefon. Es ist Margret Weinherr.

Wolfgang hört sich mit gerunzelter Stirn das aufgeregte Gestammel an, dann sagt er mit schwacher Stimme, als sei er zutiefst geschlagen: »Soeben habe ich einen Brief von Beate bekommen. Nein – ich weiß natürlich nicht, wohin sie gegangen ist. Ich bin untröstlich – natürlich – total untröstlich. – Kann mir überhaupt nichts erklären. Wie bitte? Vorsprechen? Ja – gleich kann ich nicht kommen. Ich werde gegen Abend dort sein.«

Wolfgang Klingerham streicht sich das Haar aus der Stirn. Das ist eine peinliche Blamage. Aber allem Anschein nach weiß man bei Weinherrs nicht den Grund, warum Beate fortgegangen ist. Und das ist gut so. Sehr gut sogar. So hat er wenigstens die Möglichkeit, den treulos Verlassenen zu spielen.

Die Hände in den Hosentaschen, geht er mit großen Schritten im Zimmer auf und ab und deklamiert laut vor sich hin, was er am Abend in der Villa Weinherr sagen wird.

»Unter diesen Umständen«, wird er sagen, »sehe ich mich leider veranlasst, die Verlobung als aufgelöst zu betrachten. – Wie bitte? Aber, meine sehr verehrte Frau Weinherr, es kann mir doch niemand zumuten, eine solche Blamage stillschweigend einzustecken. Ich bitte, ist das vielleicht eine Art und Weise von einem Mädchen, ein paar Wochen vor der Hochzeit einfach zu verschwinden? Nein, Sie alle können es mir nicht verübeln, wenn ich meine Konsequenzen ziehe. Wie ich damit fertig werde, das ist meine Sache. Ganz allein meine Sache.«

Ja, so und nicht viel anders werde ich heute Abend sprechen, denkt er. Das ist dann ein geradezu großartiger Abgang. Jedenfalls wird er keine Gelegenheit vorübergehen lassen, der Öffentlichkeit gegenüber so zu tun, als sei die Verlobung von seiner Seite aus gelöst worden.

Währenddessen eilt der Zug durch das Land. Beate Weinherr sitzt am Fenster und lässt die freundlichen Dörfer und Marktflecken an sich vorübergleiten. Nun, wo sie alles hinter sich hat, fühlt sie sich frei wie nie zuvor. Noch weiß sie nicht, wie ihre Zukunft aussehen wird. Dass es große Veränderungen geben wird, davon ist sie fest überzeugt. Ein paar Wochen kann sie sich treiben lassen. Da sie aber nicht über viel Bargeld verfügt und fest entschlossen ist, nicht so schnell zurückzukehren, wird sie gezwungen sein, ihr Leben selbst in die Hand zu nehmen. Sie weiß zwar nicht, wie und was sie dann anpacken wird, aber irgendetwas wird sich schon finden.

Immer näher rücken die blauen Berge, immer näher kommt Beate ihrem Ziel. Auf einmal ist eine große, weite Fläche da, der Chiemsee. Aber es liegt nicht in ihrem

Plan, etwa hier schon auszusteigen. Das tut sie erst ein paar Stationen später. Dort nimmt sie einen Regionalbus, der sie in einer fast zweistündigen, nicht gerade sehr flotten Fahrt in ein abgelegenes Tal bringt. Beate ist noch nie hier gewesen und nimmt die Schönheit der Landschaft mit hellwachen Sinnen in sich auf. Aus der Tiefe grüßt ein kleines Dorf, dessen Dächer unter den Bäumen versteckt sind. Nur ein schneeweißer Kirchturm ragt daraus empor und weist wie ein riesiger Zeigefinger zum Himmel. Rings auf den Höhen liegen vereinzelte Höfe, wahllos verstreut, als hätte der Herrgott in einer guten Laune eine große Spielzeugschachtel über der Landschaft ausgeleert.

Der Omnibus hält vor einem großen Gasthaus, das sich »Zur schönen Aussicht« nennt. Mit Beate steigen ein halbes Dutzend Reisende aus, die wahrscheinlich angemeldet sind, denn sie werden abgeholt und mit ihren Koffern in Privatquartiere gebracht. Beate denkt, dass dies vielleicht auch für sie das Beste wäre, und sieht sich ein wenig um.

Da tritt ein halbwüchsiges Bürscherl an sie heran und fragt: »Brauchen S' ein Zimmer?«

»Ja – allerdings, aber ...«

Bevor sie noch ganz ausreden kann, hat der Bub bereits ihre schweren Koffer geschultert und geht ihr voraus. Nach etwa fünf Minuten stehen sie vor einem netten Haus in einem herrlichen alten Apfelgarten.

Der Bub stellt die Koffer auf die Hausbank und ruft in den Flur: »Hab schon eine erwischt, Mutter.«

Unmittelbar darauf erscheint eine stattliche Frau mit verhärmten Gesicht unter der Türe und trocknet sich die Hände an der Schürze ab.

Sie sei der erste Gast in diesem Jahr und habe deshalb die Wahl, erfährt Beate: entweder das kleine Balkonzimmer nach Osten oder das größere Zimmer mit dem Blick

Richtung Süden. Beate entscheidet sich für das Balkonzimmer und hat das Gefühl, dass sie es gut erraten hat. Die Frau sagt ihr, dass es hier beim »Hergl« heiße und dass Beate das Frühstück im Haus bekommen könne, zum Essen aber am besten in die »Alpenrose« gehe, weil sie dort eine bessere Auswahl habe, während bei ihr nur sehr einfach gekocht werde.

Das alles erzählt die Herglin mit der Ruhe eines Menschen, dem es nicht allein um den Profit geht, obwohl sie durchblicken lässt, dass sie die zwanzig Mark pro Tag mit Frühstück recht gut gebrauchen könne, weil bei ihr nur zehn Kühe im Stall stünden und der Lohn des Mannes, der im Forst arbeite, auch nicht hoch sei. Dabei öffnet sie die Schranktüren weit und meint, dass die Kleider des »Fräuleins« darin wohl Platz hätten.

Beate ist von der peinlichen Sauberkeit dieses Stübchens beeindruckt. Der Boden ist blank gescheuert und so sauber, dass man darauf essen könnte. Das Bett ist mit blau gewürfeltem Leinenzeug überzogen. Alles riecht ein wenig nach Lavendel.

»Ja, es ist gut«, sagt jetzt Beate. »Ich werde schon mit allem zurechtkommen. Auf alle Fälle will ich mir Mühe geben, dass Sie mit mir nicht zu viel Scherereien haben.«

»Ach, Arbeit ist unsereins g'wöhnt. Im Übrigen – wenn Sie was brauchen, der Hansl besorgt es Ihnen schon. Der Hansl ist mein Bub, der Sie hergebracht hat.«

Dann verlässt die Herglin das Zimmer und Beate ist allein. Mechanisch nimmt sie Kleid um Kleid aus ihren Koffern und hängt es in den Schrank. Die Wäsche verwahrt sie in einem anderen Fach, und als sie mit allem fertig ist, tritt sie hinaus auf den kleinen Balkon und ist überwältigt von dem Bild, das sich ihren Augen bietet. Hoch über den dunklen Fichtenwäldern stehen im Sonnenschein die blauen Berge, einer neben dem anderen, wie stumme

Wächter aus der Urzeit. In ihren schattseitigen Rinnen liegt noch Schnee, aber man sieht ihn förmlich schmelzen unter der Wärme der Sonne und des Windes.

Etwas südlich vom Dorf entdeckt sie jetzt einen kleinen See. Sie hat ihn beim Herfahren noch gar nicht bemerkt und freut sich nun doppelt darüber, so aufs Geratewohl diese Richtung und dieses kleine Dorf Lauterkirch gewählt zu haben. Wasser, Wald und Berge! Was will sie denn mehr? Ruhe und Einsamkeit, Sonne und Licht, das ist es, was sie jetzt nötig hat.

Eine Viertelstunde später ist sie bereits auf dem Weg zum See. Zwar ist es um diese Jahreszeit noch ein bisschen früh zum Baden. Aber Beate leiht sich einen Kahn und rudert weit hinaus. Immer weiter bleibt der Steg mit dem einsamen Angler zurück, der mit Engelsgeduld darauf wartet, dass endlich etwas anbeißt.

Ein leiser Wind kräuselt das Wasser zu Tausenden kleiner Wellen, die im Sonnenlicht zittern. In goldenen Tropfen fließt es von den Rudern, wenn Beate sie hebt und wieder eintaucht. Einen Glocke läutet im Dorf und schickt ihren vollen Klang über das Wasser hin. Mit ganzem Herzen genießt Beate dieses Glück des Alleinseins. Sie kommt sich vor wie von einer Kette losgelöst. Nirgends ist ein warnender Laut, nirgends die Stimme der Mutter: »Beate, das tut man nicht. Beate, benimm dich doch. Beate, es gehört sich nicht, den Rock so über die Knie zu schlagen, wie du es gerade tust …«

Ein zauberhaftes Glücksgefühl überkommt sie. Am liebsten hätte sie nun die Ruder eingezogen um sich treiben zu lassen. Aber sie verspürt auf einmal Hunger.

Der einsame Angler sitzt immer noch auf dem Steg und hält seine Angel ins Wasser. Er hört ihren Schritt nicht, als sie näher kommt und hinter ihm stehen bleibt. Erst als sie ihn fragt, ob er schon etwas gefangen habe, hebt sich ihr unter einem weitrandigen Hut ein altes, verwittertes Gesicht mit einem zerzausten Schnauzbart entgegen. Hinter dicken Brillengläsern sehen sie zwei gutmütige Augen an.

»Es geht mir nicht ums Fangen«, sagt der Angler mit einer merkwürdig dunklen Stimme. »Es geht mir hauptsächlich darum, nicht gestört zu werden.«

Das ist ein deutlicher Wink. Aber Beate empfindet die Worte nicht als Unhöflichkeit und lacht.

»Das soll wohl heißen, dass ich verschwinden soll.«

»Sie begreifen aber auch alles«, antwortet der Mann trocken, rückt aber doch ein wenig zur Seite, als sich Beate unbekümmert neben ihm auf dem Steg niederlässt.

»Ist das denn nicht recht langweilig?«, fragt sie.

»Sehr geehrte Frau, es ist ein stiller Sport.«

»Ein stiller Sport? Davon habe ich nie gehört. Sport muss Bewegung und Erregung sein.«

Da lächelt er kaum merklich. Es kann ein mitleidiges oder ein spöttisches Lächeln sein. »Wir haben genug Aufregung in unserem verdammten Leben gehabt. Immer Aufregung und Erregung, Krieg und Hunger und Zusammenbruch. Aber nie ein bisschen Ruhe und Sicherheit. Aber das weiß ja die heutige Generation höchstes noch vom Hörensagen.«

Er zieht seine Angelschnur ein, steht auf und schultert die Blechbüchse, in der die Beute hätte verstaut werden sollen.

Auch Beate steht auf. »Es tut mir jetzt wirklich Leid, dass ich Sie gestört habe.«

Nicht der Rede wert. Ist sowieso schon Mittag. Übrigens – Brinkl ist mein Name. Professor Brinkl. Sind Sie erst heute gekommen?«

»Ja, heute. Es scheinen noch nicht viele Fremde hier zu sein?«

»Warten Sie noch vierzehn Tage, dann finden Sie kein freies Zimmer mehr. Vor zwanzig Jahren war hier wirklich noch ein stilles Nest. Da gab es noch keine ›Schöne Aussicht‹ und keine ›Alpenrose‹. Sondern bloß den Stiefelwirt, wo man am Abend noch unter den Bauern sitzen konnte am runden Ofentisch, verstehen Sie, ganz Mensch unter einfachen Menschen. Da gab es auch noch eine Kalbshaxe für acht Mark, so groß wie ein Kindskopf. Ja, das waren noch Zeiten. Mahlzeit, Fräulein. Ich bin hier zu Hause.«

Er geht auf ein kleines Bauernhaus zu, hängt Angelzeug und Blechbüchse unter den Schatten des Vordaches und geht in das Haus hinein.

6

Vierzehn Tage ist Beate nun bereits im Lauterkirch und jetzt ist es wirklich so, wie der Professor Brinkl gesagt hat, dass um diese Zeit kein Zimmer mehr zu haben ist.

Beate, von Sonne und Wind gebräunt, wird allmählich von einer leisen Unruhe befallen. Sie hat das Kommen und Gehen der Gäste beobachtet. Diejenigen, die sich hier vierzehn Tage oder drei Wochen aufgehalten haben, kehren nun ausgeruht und gekräftigt wieder zurück zu ihren Pflichten und Aufgaben. Die anderen werden es morgen tun oder übermorgen. Aber immer und bei allen ist es ein Zurückkehren in gesicherte Verhältnisse. Doch was wird nun aus ihr werden? Für sie gibt es kein Zurückkehren in ein fest gefügtes Leben. Mit Schaudern stellt sie fest, dass sie immer lernen, viel lernen musste und nun doch nichts kann, was im Augenblick nützlich wäre. Wie soll sie hier ihr Englisch verwerten? Ihr Klavierspiel, Kenntnisse in Textverarbeitung oder Tabellenkalkulation?

Sie hat eine ganze Menge Leute kennen gelernt. Die meisten sind einfache Menschen: kleine Angestellte oder Beamte. Aber es sind auch Geschäftsleute darunter, die sich mit knapper Not einmal vierzehn Tage Erholung gönnen können. Allerdings keine Industriellen oder sonstige Größen, die auf eine Sekretärin gewartet hätten, die dann sicherlich schon die Probezeit nicht überstanden hätte, weil sie das Erlernte bisher niemals praktisch anzuwenden gezwungen war. Und andere Arbeit? Ach, was wirkliche, mühsame Arbeit ist, das hat sie bei der Herglin gesehen. Arbeit, die wenig Lohn einbringt, aber doch getan werden muss. Arbeit, die im Morgengrauen beginnt und bei Nacht erst endet. Dazu muss man wohl von früher Jugend an erzogen werden, so wie der Bub, dieser Hansl, der mit seinen vierzehn Jahren schon einen halben Mann stellen muss.

Das Schlimmste von allem aber ist, dass ihr Geld zur Neige geht. Acht Tage etwa könnte es noch reichen, wenn sie zwischendurch einmal ein Mittagessen versäumt und am Abend nur eine Kleinigkeit im Lebensmittelgeschäft kauft. Aber dann wird unerbittlich der Tag herankommen, an dem sie ihre letzte Mark in den Händen hält. Was dann?

Diese Sorge lastet nun schwer auf ihr und ihr Zorn auf die Mutter ist durchaus gerechtfertigt. Warum hat man sie nie an praktische Arbeit herangelassen? Warum hat die Mutter ihr immer erklärt, dass es unter ihrer Würde sei, einen Besen in die Hand zu nehmen oder ein Staubtuch? Nun rächt sich alles bitterlich und am Ende wird ihr doch nichts anderes übrig bleiben als reumütig wieder heimzufahren.

Bei diesem Gedanken aber empfindet sie sofort eine heftige Abwehr. Trotz erwacht in ihr und ein eiserner

Wille. Irgendwie wird es schon einen Ausweg geben. Ihr Entschluss, in ein anderes Leben einzutreten, darf und kann doch vom Schicksal nicht als bloße Laune eines verwöhnten Mädchens gewertet werden.

Tag um Tag belasten Beate diese Sorgen stärker. Sie fängt schon an, den Küchenmädchen im Hotel »Alpenrose« neidisch zu sein oder den Bäuerinnen, die sonntags so kraftstrotzend von ihren Höfen herunterkommen zur Kirche. Es mag ein einfaches und ärmliches Leben sein, aber es ist doch ein Sinn in solchem Leben, es ist ein erfülltes Leben und kein drohnenhaftes Daliegen in der Sonne oder ein nutzloses Träumen in den Schatten des Abends, wenn der Wind in den alten Apfelbäumen zu rauschen beginnt.

Und so steigt wieder ein Tag herauf, der in seinen leuchtenden Morgenstunden noch nichts davon verrät, in welcher Weise er bis zum Abend in dieses oder jenes Menschenleben eingreifen wird.

Als es Abend wird, sitzt Beate auf der Hausbank vor dem Herglhaus, die Hände im Schoß verschlungen, den Kopf an die Wand gelehnt und die Augen geschlossen. Noch nie hat sie in ihren Gedanken den geschlagenen Vater so deutlich in seinem Rollstuhl zwischen den Rosen sitzen sehen wie zu dieser Stunde. Es kommt ihr vor, als ob gar keine Entfernung wäre zwischen ihr und ihm, und sie weiß auch, dass er sie verstehen und ihren Entschluss billigen würde, wenn sie in einer leisen Zwiesprache mit ihm sich alles vom Herzen reden könnte. Ach, wenn sie ihm nur schreiben könnte! Aber Beate weiß genau, dass der Brief niemals in seine Hände kommen würde, dass er zuerst durch die Zensur der Mutter ginge und dass diese ihn mit dem Bruder Alfons bespräche und belachte, ehe sie ihn in kleine Stücke zerrisse und in den Ofen würfe.

Nach einer Weile kommt auch die Herglin, müde und gebeugt von der Last des Tages, und setzt sich zu ihr auf die Hausbank.

»Gott sei Dank«, seufzt sie. »Den Tag hätten wir wieder hinter uns.«

»Ja, leider«, antwortet Beate. »Es war ein schöner Tag.« Zugleich wird ihr der Gegensatz der Meinung bewusst und sie fügt verstehend hinzu: »Wenn man so viel Arbeit hat wie Sie, kann ich verstehen, dass man den Abend herbeisehnt.«

»Ach, wegen der Arbeit!«, lächelt die Herglin müde. »Ohne Arbeit wär das Leben gar nicht schön. Bloß lohnen muss sie sich. Aber bei uns ist es immer grad wie verhext. Wenn wir meinen, wir könnten ein paar Mark auf die Seite legen, müssen wir am Haus was richten.«

»Und Sie meinen, dass sich das nicht lohnt?«

»Doch, doch, weil es unser Bub einmal schöner haben soll als wir. In ein paar Jahren möchten wir das Haus aufstocken, dann hätten wir fünf Zimmer zu vermieten. Jeder Anfang ist halt schwer. Als ich mit meinem Peter hier angefangen hab, war nichts im Stall. Jetzt haben wir zehn Küh' und im nächsten Jahr können es fünfzehn sein, wenn er will.«

»Wenn wer will?«

»Der Herrgott halt«, meint die Herglin sachlich. »Ihn braucht man zu allem. Ohne seinen Segen geht's einfach nicht. Und wenn man hundert Mal meint …« Die Herglin unterbricht sich und schaut nach vorn auf den Weg. »Wer kommt denn da heut noch? Ach, der Hartegger ist's. Was will denn der noch?«

Mit raschen Schritten kommt der Mann näher. Es ist ein großer, breitschultriger Mensch. Sein hageres Gesicht ist braun gebrannt, der gestutzte Schnurrbart ist grau wie die buschigen Brauen über den hellen, scharfen Augen.

»Grüß dich, Herglin«, sagt er im Näherkommen und nimmt seinen Hut ab, wahrscheinlich nicht aus Höflichkeit, sondern um sich den Schweiß von der Stirn zu wischen. Dann steht er da, breit, wuchtig, die Beine ein wenig gespreizt, wischt umständlich mit seinem Taschentuch auch noch das Schweißband des Hutes trocken und setzt sich ohne dazu aufgefordert worden zu sein neben die Herglin auf die Bank um ohne Umschweife sofort den Grund seines Kommens zu erklären.

»Deinen Buben, den Hansl, könnt ich brauchen. Wahrscheinlich wirst Nein sagen, aber versuchst es halt einmal, hat sie gesagt.« Mit dem »sie« meint er seine Bäuerin, die Harteggerin.

Wo so kurz und eindeutig gefragt wird, kann auch die Herglin kurz und eindeutig Antwort geben. »Nichts zu machen«, sagt sie.

Der Bauer, die Hände zwischen seinen Knien ineinander faltend, meint resigniert: »Ich hätt es mir eigentlich denken können. Mag ja niemand mehr Bauernarbeit tun.«

»Da seid ihr Bauern schon selber schuld, Hartegger. Ihr schickt eure Kinder auf die Schul und in die Stadt, und anderer Leut Kinder sollen dann für euch arbeiten.«

»Das kannst von mir nicht behaupten«, wehrt sich der Bauer und wirft dabei heftig den Kopf zurück. »Meine Kinder sind daheim und arbeiten am Hof.«

»Das ist wahr«, bestätigt die Herglin. »Ich hab dich auch nicht beleidigen wollen. Aber wenn du ehrlich bist, musst du zugeben, dass ich Recht hab. Schau doch zum Beispiel zum Lichtenegger ’nauf. Der Älteste ist Lehrer g’worden, der Zweite ist bei der Polizei, der Heinrich studiert auf Pfarrer, die Klara ist im Büro und die Marlies will Hauswirtschaftslehrerin werden. Dabei jammert er, dass er niemand mehr hat für die Arbeit.«

»Stimmt, stimmt«, gibt der Hartegger zu. »Das ändert aber nichts daran, dass die Ernt eingebracht werden muss. Herrgott! Gift und Galle könnt einem aufsteigen, wenn man sie so umeinander liegen sieht. Lauter junge, gesunde Leut. Den ganzen Tag liegen sie in der Sonn und im Wasser. Erholen müssen sie sich. Dass ich nicht lach. Von was denn? Von was müssen sie sich denn erholen? Meine Frau hat seit drei Jahren die Gicht und kann sich nicht erholen. Solang die Biggi da ist, geht's ja noch. Aber die Biggi muss in der nächsten Woch auf die Alm und darum hab ich mir gedacht, ob ich nicht deinen Hansl als Erntehelfer haben könnt. Nur für den Sommer über. Dass er es bei uns nicht schlecht hätt, weißt du ja.«

»Ja, das weiß ich, Hartegger. Aber es geht leider nicht. Am nächsten Ersten kann er beim Schreiner Öttlinger in die Lehr kommen.«

»Ach so. Das hab ich nicht wissen können. Das ist freilich war anders. Man braucht ja auch tüchtige Handwerksleut. Es war auch nur eine Frage.« Der Hartegger schaut der Beate, die aufgestanden ist und langsam durch den Obstgarten zur Straße hinausgeht, unter gesenkten Brauen heraus nach. »Die dort« – er streckt das Kinn vor, in Richtung Straße – »die hab ich wohl auch vor den Kopf g'stoßen, von wegen den ganzen Tag in der Sonn liegen und im Wasser. Ist die bei dir in der Sommerfrische?«

»Ja, seit vierzehn Tagen. So was Ruhiges und Anständiges hab ich schon lang nicht mehr im Haus g'habt.«

»Na ja, ich will ja auch nicht alle in einen Topf werfen. Ich hab auch nichts dagegen, wenn ein Mensch, der 's ganze Jahr im Geschirr steckt, sich ein paar Wochen erholen will. Aber die meisten von den jungen Leuten kommen nicht wegen der Erholung, sondern wegen der Gaudi, und weil sie was erleben wollen.« Der Hartegger steht auf und greift nach seinem Hut. »Also, nichts für ungut, Herglin. Und gute Nacht, Herglin.«

»Gute Nacht, Hartegger.«

Über dem Obstgarten liegt schon tiefe Dämmerung. Mit gesenktem Kopf geht der Hartegger auf dem Feldweg dahin und blickt erst auf, als er am Ende des Gartens, am Rand der Straße, das Mädchen stehen sieht.

»Gut Nacht«, sagt er, tippt an den Hutrand und betritt die Straße. Da fragt Beate, ob er einen Augenblick Zeit habe. Verwundert dreht er den Kopf und sieht sie an.

»Ich habe vorhin gehört«, sagt Beate schnell, »dass Sie notwendig jemanden brauchen. Ich hätte Lust – und Zeit, zu Ihnen zu kommen.«

Der Hartegger räuspert sich und schiebt den Hut aus der Stirn. »Mir scheint, ich bin nicht recht verstanden worden. Ich such jemanden zur Arbeit. Auf dem Hartegg gibt es keinen Urlaub und keine Erholung.«

»Ich habe Sie schon recht verstanden. Aber Sie trauen mir anscheinend nichts zu.«

Da sagt der Hartegger in aller Ehrlichkeit: »Sie sehen nicht so aus, als ob Sie jemals gearbeitet hätten.«

Beate senkt den Kopf. Sie empfindet seine Worte wie eine tiefe Beschämung. »Das ist wahr«, sagt sie dann. »Aber nach meiner Meinung ist kein so unüberbrückbarer Unterschied zwischen arbeiten können und arbeiten wollen. Der gute Wille ist maßgebend, denke ich. Und den bringe ich mit. Man müsste am Anfang nur ein klein wenig Geduld mit mir haben.«

Beate ist zumute, als müsse sie nun alle Beredsamkeit aufbieten um die Stelle als Erntehelferin erringen zu können. In diesem Augenblick käme es ihr gar nicht darauf an, den Mann mit aufgehobenen Händen zu bitten, dass er sie in seinen Dienst nehme. Nur ein letzter Rest von Stolz hält sie davon zurück.

Aber da sagt er schon: »Geduld könnte man schon haben, wo ein Wille gezeigt wird. Ich hab zuerst gedacht, Sie machen nur Spaß. Aber wenn es Ihnen wirklich ernst ist, nach Hartegg zu gehen, sind Sie herzlich willkommen.«

»Es ist mir wirklich ernst damit«, versicherte Beate.

»Wann wollen Sie kommen?«

»Meinetwegen gleich morgen.«

»Gut, abgemacht. Dann darf ich morgen meinen Buben herschicken, dass er Sie abholt? Alles andere, wegen Lohn und so, können wir dann noch besprechen.«

»Damit Sie an den Ernst meines Wollens glauben können, schlage ich vor, dass Sie mir eine Probezeit von vierzehn Tagen geben.«

»Das lässt sich hören. Kreuzteifl! Hat sich mein Gang heut also doch gelohnt. Abgemacht, morgen Vormittag kommt mein Bub vorbei.« In seiner Freude streckt er ihr die Hand hin. »Gute Nacht, Fräulein –«

»Weinherr ist mein Name. Man kann mich Beate nennen.«

»So, so, Beate also. Na, da wird sich jetzt meine Bäuerin freuen, wenn ich ihr die Botschaft heimbringe.«

Mit einem frohen Lachen geht er davon. Seine schweren Nagelschuhe klappern auf der Straße. Gleich darauf ist er in der tiefen Dämmerung verschwunden.

Beate steht noch eine ganze Weile. Sie hört den Wind im alten Birnbaum rauschen, neben dem sie steht und durch dessen Blattgewirr sie einen einsamen Stern flimmern sieht. So also meint es das Schicksal mit mir, muss sie denken. Der Weg ins neue Leben führt von dem behüteten Dasein einer Tochter aus gutem Haus zu dem einer Hilfskraft bei einem Bauern, in einen Alltag voll harter Pflichterfüllung. Oh, wenn das die Mutter wüsste! Wahrscheinlich würde sie einen Nervenschock erleiden und sofort ein Bad aufsuchen müssen.

Bei dieser Vorstellung muss Beate unwillkürlich lachen. Ganz frei und froh klingt dieses Lachen. Als sie zum Haus zurückgeht, meint sie, dass eine schwere Last von ihren Schultern gefallen und dass sie aller Sorgen der letzten Tage ledig geworden sei.

7

Am folgenden Vormittag hält ein knatternder alter Traktor vor dem Herglhof. Ein junger Bursch springt herunter und fragt Beate, die bereits wartend unter der Haustüre steht, ob sie diejenige sei, die er abholen solle. Wenn nicht, dann möchte das Fräulein ihm sagen, wo diejenige zu finden wäre.

»Ich bin schon diejenige.« Beate lächelt über die drollige Art, mit der der Bursch das vorbringt. Dabei deutet sie auf ihre beiden Koffer, die im Hausflur stehen. »Das wäre mein Gepäck.«

»Ich bin der Klemens«, stellt sich der Bursch nun vor. Dann zieht er mit beiden Händen seine Hose hoch, spuckt in die Hände und greift nach den Koffern. Mit einem Schwung sind sie oben auf dem kleinen Flachwagen, den er angehängt hat. Der Klemens strotzt geradezu vor Kraft. »Also, nur aufsitzen jetzt, dann können wir fahren«, sagt er und reicht ihr die Hand, dass sie leichter hinaufkommt auf den seitlich über den großen Hinterrädern angebrachten Sitz. Mit einem Sprung ist auch er oben und schon gibt er Gas. Ratternd und scheppernd bewegt sich das Gefährt durch das Dorf, am See vorbei, auf dem schon Hochbetrieb ist, und dann biegt es in einen schmalen Feldweg ein, der steil aufwärts führt.

»Gar nicht glauben haben wir's können, wie der Vater

gestern heimgekommen ist und gesagt hat, dass er eine gefunden hat«, sagt der Klemens und schiebt dabei sein grünes Hütl verwegen hinters linke Ohr. »Hoffentlich gefällt es dir auf dem Hartegghof.«

»Ich hoffe es auch«, antwortet Beate etwas kleinlaut. Sie hat auf einmal ein bisschen Angst vor dem neuen Leben, in das sie eintreten will.

»Wie heißt nachher du, wenn man fragen darf?«, will Klemens wissen.

»Beate.«

»So, so, Beate. Ein schöner Name. Wo warst du zuletzt?«

»Daheim in der Stadt.«

»Aha.«

Immer steiler wird jetzt der Weg. Fast eine halbe Stunde geht es durch einen alten Fichtenwald aufwärts. Dann wird der Weg wieder eben und schon nach kurzer Zeit deutet Klemens auf einen großen Hof auf sanfter Höhe. Wie eine Trutzburg liegt er da oben, mit weißen Mauern und dunklem Gebälk.

Immer ängstlicher fühlt jetzt Beate ihr Herz schlagen. Wie wird das bloß alles werden?, denkt sie.

»Wie viele Menschen sind denn eigentlich auf dem Hof?«, fragt sie und sieht den Klemens von der Seite an. Er ist ein gut gewachsener Bursch, breit in den Schultern, mit einem schmalen, braun gebrannten Gesicht, das etwas Verwegenes im Ausdruck hat.

»Wie viel?«, fragt er lachend und zeigt zwei Reihen blendend weißer Zähne. »Da wär einmal ich, dann der Vater, die Mutter, der Großpapa, dann mein Bruder Anderl und meine Schwester Biggi.«

»Das wären also im Ganzen sechs Personen?«

»Mit dir sind es jetzt sieben. Aber es werden nicht lang sieben sein, mein ich.«

»Warum nicht?«

»Weil du nicht so ausschaust, als ob dir die Arbeit am Berg bei uns lang gefallen tät.«

»Ach so. Ist das – die allgemeine Meinung bei euch am Hof?«

»Ich weiß nicht. Der Vater hat schon auch g'meint, gestern, dass man sich nicht zu viel versprechen sollt.«

Da erwachen in Beate Ehrgeiz und Trotz. Man traut ihr also schon von vornherein nichts zu!

Nun gut, sie will es darauf ankommen lassen. Es ist ihr fester Vorsatz, sich nicht kleinkriegen zu lassen, was die nächsten vierzehn Tage ihr auch bringen mögen. Scheitert sie, dann soll es ihr endgültige Gewissheit sein, dass sie eben nicht für ein hartes Leben taugt. Dann will sie zurückkehren in den Kreis, aus dem sie gekommen ist. Nicht zerknirscht, kleinmütig oder zerbrochen, sondern nur gleichgültig gegenüber allem, was fortan mit ihr geschieht.

»Versuchen will ich es einmal auf alle Fälle«, sagt sie.

»Das mein ich auch«, pflichtet Klemens ihr bei. »Und es wird schon recht werden, denk ich.«

»Man muss nur ein klein wenig Geduld haben mit mir.«

»Daran fehlt nichts«, versichert der Klemens und blinzelt sie lustig an. »Was mich betrifft, so bin ich ein ganz und gar geduldiger Mensch. Dort, mein ich, steht der Vater schon und wartet auf uns.«

Wirklich, unter der Haustüre, über der ein mächtiges Steinbockgehörn angebracht ist, steht der Hartegger mit gespreizten Beinen, die Hände in den Hosentaschen vergraben. Kaum rollt das Gefährt vor der breiten Steinterrasse aus, tritt der Hartegger heran und hilft Beate vom Traktor.

»Du bist also wirklich gekommen«, sagt er. »Herzlich

willkommen am Harteggerhof.« Er geht ihr voran in das Haus.

Klemens schielt hinter den beiden her und pfeift leise durch die Zähne.

»Teufl, Teufl, ist die sauber! So was Bildsauberes hat der Harteggerhof schon lang nimmer g'sehn.« Lächelnd rückt er dabei sein Hütl vom linken auf das rechte Ohr.

In der großen, hellen Küche wird Beate unterdessen von der Bäuerin begrüßt. Auch die Biggi kommt hinzu, staunt ein wenig, als sie das elegante Kleid der neuen Magd sieht, und führt sie dann in ihr Stübchen hinauf, in dem Klemens die beiden Koffer bereits abgestellt hat.

Es ist eine freundliche Kammer mit Blick zu den Bergen. Über dem Bett hängen ein paar Heiligenbilder, die mit Latschenzweigen geschmückt sind.

»Packst deine Koffer nicht gleich aus?«, fragt die Biggi.

Beate nickt. »Wollen Sie mir dabei helfen?«

»Zu mir brauchst nicht Sie sagen«, meint die Biggi. »Es ist nicht Brauch bei uns. Du heißt Beate, hat der Vater gesagt.«

»Ja, Beate Weinherr.«

Man merkt auf den ersten Blick, das die Biggi und der Klemens Geschwister sind. Das schmale Gesicht mit den schwarzen Zöpfen über der Stirne hat einen eigentümlichen Reiz. Beate hat von der ersten Minute an Vertrauen zu ihr.

Schon hat sie den einen Koffer geöffnet und legt Stück für Stück auf das Bett.

»Hast du schöne Kleider«, staunt die Biggi und befühlt mit den Fingern den Stoff von jedem Kleid. »Und lauter teurer Stoff! Mir kommt es grad vor, als ob du es nicht nötig hättest, bei uns Bauern zu arbeiten.«

Beate sieht sie überrascht an. »Das ist doch nicht so

wichtig, Biggi. Wichtig, meine ich, ist nur, dass ich es will.«

»Freilich, freilich.«

»Wenn ihr ein wenig Geduld mit mir habt, wird es sicher gehen. Ich habe – ich habe nämlich – noch nie etwas gearbeitet.«

Wie schwer es gewesen ist, das zu sagen! Fast schämt sie sich nun über dieses Geständnis. Aber die Biggi meint: »Das habe ich gleich gemerkt, dass du von besseren Leuten bist. Na ja, es wird so schlimm nicht werden bei uns. Dein Stüberl, gefällt es dir?«

»Danke, sehr gut. Wo schläfst du denn?«

»Gleich dir gegenüber.«

Beate hat ihre Kleider in den Kasten gehängt. Nun geht sie ans Fenster und schaut zu den Bergen hinüber. Die Biggi tritt hinter sie und zeigt ihr die einzelnen Gipfel.

»Das dort drüben, der ganz schmale Gipfel, das ist der Scharlstein. Dann kommt der Rechberg und dort drüben die Jochwand. Am Fuß der Jochwand liegt unsere Alm. Nächste Woche zieh ich hinauf. Musst mich einmal besuchen droben, an einem Sonntag.«

»Ja, gern. Dort oben, auf der Jochwand, was da so glitzert, das ist wohl ein Kreuz?«

»Ein Kreuz, ja. Unser Anderl hat es aufgestellt.«

»Der Andreas ist auch ein Bruder von dir, gelt?«

»Ja, väterlicherseits. Der Anderl ist von der ersten Harteggerin, die schon frühzeitig gestorben ist. Der Anderl war damals grad zwei Jahr' alt.«

So bekommt Beate schon in der ersten Stunde einen Einblick in die Familienverhältnisse der Rieser, wie die Harteggerleute mit Familiennamen heißen. Die Biggi erzählt ihr auch noch, dass der Anderl gestern bereits auf die Alm gegangen ist um die Zäune in Ordnung zu bringen. Wahrscheinlich wird er erst übermorgen zurückkommen.

Als die beiden Mädchen wieder hinuntergehen, steht der Bauer im Flur und fordert Beate auf mit ihm in die Stube zu kommen.

Die Stube ist groß und freundlich. Die Möbel sind aus hellem Holz. Neben dem großen Kachelofen ist ein breites Ledersofa, vor dem ein kleines Tischchen steht. Dort lässt sich der Bauer nieder und zieht einige Papiere aus der Lade.

»Setz dich nur nieder. Jetzt wollen wir das Geschäftliche besprechen. Du bekommst sechshundert Mark im Monat und Essen und Quartier frei. Wenn du gut anpackst, kommt es mir auf ein paar Mark mehr nicht an. Dass es bei uns Bauern natürlich keine vorgeschriebene Arbeitszeit gibt, wirst du ja wissen. Wir müssen uns nach der Sonn richten. Wo hast du denn bisher gearbeitet?«

Da ist sie schon wieder, diese furchtbare Frage, die einen so beschämen kann! Kein Wort bringt sie heraus.

»Was ist denn dein Vater?«, fragt der Hartegger.

»Staatsbeamter, aber er ist schon seit Jahren pensioniert.«

»Aha. Und Papiere hast du wohl auch keine?«

»Arbeitspapiere nicht.«

»Wissen deine Leut, dass du – ich meine, es kommt ja nicht alle Tage vor, dass eine von deinem Stand zu den Bauern geht um zu arbeiten.«

»Meine Leute wissen nicht, wo ich bin.«

»Auweh – da seh ich schwarz! Mittendrin wird man dich von da wieder wegholen.«

»Gegen meinen Willen wird mich niemand wegholen. Ich bin volljährig.«

»Na ja, mir kann's gleich sein. Am Anfang wird es dich schon hart ankommen. Aber wir werden schon zurechtkommen mit dir. Musst dich am Anfang nicht gleich zu wild auf die Arbeit hinstürzen. Schön langsam, weißt, bis die Freud kommt zum Bauernhandwerk. Wenn sie einmal da ist, die Freud, dann lässt sie einen nimmer los. So, und jetzt auf gute Zusammenarbeit, Madl. Es soll mich freuen, wenn es dir bei uns gefällt.«

Der Hartegger streckt ihr die Hand hin und Beate schlägt kräftig ein.

»Aber als Erstes gibt es jetzt einmal was zum Essen«, lacht der Bauer. »Komm nur gleich und halt dich fest an die Schüssel. Es dürfen schon ein paar Kilo hinwachsen an dich.«

Gegessen wird in der anderen Stube, die in Rotbraun gehalten ist. Auch hier ist neben dem breiten Kachelofen noch ein kleines Tischchen, auf dem schon eine Schüssel dampft. Beate wird am großen Ecktisch ein Platz neben der Biggi angewiesen. Zuerst aber stehen sie alle noch inmitten der Stube, die Bäuerin trägt eine große Schüssel mit Knödeln herein, die Biggi schlägt eine Kreuzzeichen und hebt zu beten an.

Auch das ist für Beate etwas ganze Fremdes. Sie weiß sich gar nicht recht zu helfen dabei.

»So, jetzt greif nur fest zu«, sagt dann die Bäuerin und legt Beate ein schönes, durchwachsenes Stück Geselchtes auf den Teller. Beate hat ehrlichen Hunger und nimmt sich vor, sich absolut nicht zu zieren. Aber trotz allen Hungers entwickelt sie keinen so gesegneten Appetit.

Während sie an ihrem Fleisch herumkaut, öffnet sich auf einmal die Tür und herein tritt ein alter Mann, groß und hager, mit schlohweißem Haar, das sich in seinem Nacken ringelt. Das Gesicht ist bartlos und von hundert Falten und Fältchen durchzogen. Nur einen kurzen Blick wirft er zum Tisch hin auf den neuen Gast, dann geht er mit kleinen Schritten zu dem Tischchen am Ofen und nimmt Platz.

»Wartest immer so lang, bis das Essen kalt ist, Großpapa«, sagt der Hartegger und schaut über die Schulter nach dem Greis zurück.

»Ist es nimmer heiß, braucht man nimmer blasen«, antwortet der Alte mit stiller Heiterkeit. Seine Stimme ist dünn und kinderhell. Beate wundert sich, dass ein so großer und mächtiger Mensch eine so dünne Stimme haben kann.

Am Nachmittag schafft Beate mit der Biggi im Garten, und als es Abend wird, spürt sie zum ersten Mal in ihrem Leben Schmerzen im Kreuz. Zum ersten Mal ist sie müde von einer wirklichen Arbeit. Und siehe da – als sie in der einbrechenden Dämmerung in ihrem Stübchen steht, da ist sie erfüllt von einer fremden, nie gekannten Zufriedenheit und sie ist froh, dass sie den Mut gehabt hat dieses neue Leben zu beginnen.

Wohlig streckt sich der Körper in dem blau gewürfelten Bettzeug. Sie hat die Arme hinter dem Kopf verschränkt, und wenn sie den Kopf ein wenig wendet, dann sieht sie ungeheuer groß die Berggipfel, umschimmert vom letzten Schein des hinabgesunkenen Tages. Gleich darauf nimmt sie dieses Bild mit hinüber in ihren Schlaf.

Das ist die erste Nacht auf dem Berghof Hartegg.

8

Zwei Tage später, Beate steht gerade am Brunnen und wäscht Kartoffeln, geht ein junger Mann auf den Hof zu. Er hat Axt und Säge bei sich und geht zum Schuppen, wo er das Werkzeug ablegt. Dann tritt er auf den Hartegger zu, der im Garten an den Obstbäumen hantiert.

»Bist fertig oben?«, fragt der Hartegger ohne seine Arbeit zu unterbrechen.

»Ja, Vater. Alles ist fertig. Nächste Woche können wir das Vieh ’naufbringen.«

»Hat es recht ausg’schaut oben?«

»Wie es halt ist nach einem strengen Winter.«

Der Hartegger wickelt eine neue Bastschnur um einen kleinen Ast und deutet dann mit dem Kopf zum Brunnen hin.

»Das dort ist unsere neue Erntehelferin. Beate heißt sie.«

Andreas wirft nur einen kurzen Blick hinüber und schaut wieder weg. Erst nach einer Weile geht er auf das Haus zu, an Beate vorbei. Er nickt ihr einen Gruß zu. Nur für eine Sekunde treffen sich ihre Augen. Ja, es ist ihr, als wäre in seinem Blick ein Licht aufgeblitzt. Aber das kann auch Täuschung sein. Er geht ja so teilnahmslos vorbei und verschwindet im Haus.

Das ist also der erstgeborene Sohn, denkt Beate, der Andreas. Wie doch die beiden Brüder verschieden sind! Andreas muss den Klemens fast um einen Kopf überragen.

Beim Mittagessen sitzt er ihr gegenüber. Keinen Blick gönnt er ihr und Beate hat das Gefühl, dass sie völlig Luft für ihn ist oder dass ihm ihre Gegenwart sogar unerwünscht sei. Da ist der Klemens doch ganz anders. Er macht gern einen Spaß mit ihr.

Im Großen und Ganzen gefällt es ihr sehr gut auf Hartegg. Sie sind alle durchwegs freundlich zu ihr. Obwohl sie mancher Arbeit hilflos gegenübersteht, fällt nie ein Wort des Spottes.

Am Abend steht Beate am Fenster ihres Zimmerchens und sieht zu, wie die Berge in den letzten Sonnenstrahlen rot erglühen. Auf einmal späht sie zum Waldrand hinüber. Dort ist soeben ein Mann aus dem Dunkel getreten, die Büchse auf dem Rücken, den Schweißhund zur Seite.

Aber ist das nicht der Tasso, der sonst drunten immer an der Kette hängt und das Haus bewacht?

Und jetzt erst erkennt sie den Andreas und erinnert sich, dass man ihr erzählt hat, der Hof habe eine eigene Jagd.

Als der Harteggersohn sich dem Haus nähert, tritt Beate vom Fenster zurück. Bis heute hat er noch kein Wort mit ihr gesprochen. Nur wenn er sich unbeobachtet glaubt, dann gehen seine Blicke hinter ihr her.

Beate steht wenig später wieder am Fenster. Im kleinen Zuhäusl, wo der Großvater wohnt, brennt Licht. Sie sieht den schneeweißen Kopf des Alten über den Tisch gebeugt. Vielleicht liest er oder er ist eingeschlafen dabei.

Auch der Hartegger-Großvater hat noch kein Wort mit ihr gesprochen. Und auf einmal fällt es ihr ein: Dieser Alte und der junge Andreas haben etwas Gemeinsames. Beide sind wortkarg und verschlossen. Und doch haftet ihnen etwas Gebieterisches, beinahe Königliches an. In der Art zum Beispiel, wie sie den Kopf tragen, in der Sparsamkeit ihrer Gebärden und in ihrem schweigsamen Hochmut.

Nach einer Weile hört Beate einen Schritt über die Stiege kommen. Das muss Andreas sein. Niemand im Haus hat sonst einen so festen und gemessenen Schritt. Die Schritte verlieren sich in der Tiefe des Ganges.

Die Biggi ist mit der Herde auf die Alm gezogen. Beate muss jetzt fester mit anpacken, denn die flinken Arme der Biggi werden im Haus sehr vermisst. Beate muss nun jeden Morgen die Betten machen, in der Küche helfen und im Garten nach dem Rechten sehen. Jede Arbeit fasst sie mit herzhafter Lust an und der Bauer wie die Bäuerin stellen mehr als einmal mit Befriedigung fest, dass sie mit diesem fremden Mädl einen guten Griff getan haben.

Beate darf bald erfahren, welch ein herrliches Gefühl es ist, den Lohn hingezählt zu bekommen, das erste selbst verdiente Geld, mit eigenen Händen erarbeitet, mit der Kraft ihres jungen Körpers, der jetzt schon nicht mehr schmerzt. Nur die Hände sind rauer geworden.

Eines Morgens mäht der Klemens im Obstgarten Gras für die paar von der Alm daheim gebliebenen Kühe. Beate soll es zusammenrechen, zwischen den Bäumen kann man nicht mit Maschinen arbeiten. Das ist für sie noch eine recht schwierige Arbeit und die Hände brennen ihr wie Feuer. Plötzlich steht der Großvater neben ihr, nimmt ihr schweigend den Rechen aus der Hand, macht ein paar Züge und sagt: »Schau her, Dirndl, so musst es machen. Ganz leicht rutschen lassen, den Stiel. Nicht so krampfhaft halten.«

Es ist das Erste, was der Großvater mit ihr spricht. Und gar nicht unwillig sagt er es, nein, ganz geduldig und voller Güte. Dann dreht er sich wieder um.

»Danke schön«, sagt Beate.

Er bleibt stehen und legt die Hand hinters Ohr. »Was hast gesagt?«

»Danke schön, hab ich gesagt.«

Er kommt wieder auf sie zu. »Ich versteh dich nicht, Dirndl. Ach so, dank schön hast g'sagt. Ja, ja, ist schon recht. Nichts zum Danken.« Er lächelte ein wenig, wobei sich die Vielfalt der Furchen in seinem Gesicht noch vermehrt. »Weißt, sonst bin ich noch gut beieinander. Bloß 's Gehör lasst aus in letzter Zeit.«

»Sag einmal, Großvater, wie alt bist du eigentlich schon?«

»Wie alt meinst du denn?«

»Dich kann man so schwer schätzen.«

»Meinst? Du bist doch sonst so ein grundg'scheites Weibsbild. Also, lass dir helfen. Neunundneunzig bin ich jetzt.«

»Was? Neunundneunzig! Das ist schon gleich der Hunderter. Ist denn das möglich?«

»Warum denn nicht? Die Harteggerischen sind eine zähe Rass'. Mein Vater selig ist auch siebenundneunzig geworden. Ja, ja, wir sind ein gesunder Schlag.« Damit geht er, leise vor sich hin lachend, davon.

Hundert Jahre, muss Beate denken. Wie muss so ein Mensch reich an Erlebnissen und Erfahrungen sein, an Freuden und Bitterkeiten. Hinter diesem Methusalemalter muss ihre Jugend verschwinden wie ein winziges Nichts.

Der Klemens hat zu mähen aufgehört und fährt den Flachwagen heran.

Während er die erste Gabel voll Gras auf den Wagen wirft, sagt der: »Du hast noch gar nie gesagt, Beate, wie es dir bei uns gefällt.«

»Gut natürlich.«

»Das freut mich. Die ganze Arbeit geht mir seitdem flotter aus der Hand. Übrigens, weil's mir grad einfällt: am nächsten Sonntag wär Maitanz in Lauterkirch drunten. Gehst hin mit mir?«

Beate wird ein wenig unsicher. »Ich weiß nicht, Klemens.«

»Warum denn nicht? Da tät's ihnen die Augen raustreiben, den andern, wenn ich mit so was Bildsauberem daherkäm.«

»Das muss ich mir erst noch überlegen«, antwortet Beate und schaut an ihm vorbei. Sie kann nichts dafür, aber manchmal sind ihr seine blitzenden Augen unsympathisch. Er hat etwas Verschlagenes in seinem Blick.

»Also, dann überlegst es dir halt«, meint der Klemens nach einer Weile und wendet sich wieder seiner Arbeit zu.

Beate denkt den ganzen Tag nicht mehr an dieses Angebot. Es liegt ihr auch nicht viel daran, zum Tanzen ins Dorf zu gehen. Ja, es ist merkwürdig, wie sehr ihr die Stille auf dem einsamen Bergbauernhof zusagt.

Am Abend geht sie hinter den Hof zu dem kleinen Weiher. Ein schmaler Steg führt ein Stück ins Wasser hinaus.

Am südlichen Ufer des Weihers stehen drei Fichten mit einer Ruhebank. Dort sitzt in den Abendstunden gern der Großvater. Beate hat die stille Hoffnung gehegt, dass er auch heute dort sein könnte. Aber die Bank ist leer.

Tiefer Friede ist ringsumher, allein das leise Murmeln des Baches, der den Weiher speist, ist noch zu hören. Die Sonne ist längst untergegangen. Nur auf den höchsten Gipfeln ist noch ein Leuchten, das erst erlischt, als vom Tal die Dämmerung heraufkriecht.

Fledermäuse flirren umher und die Grillen zirpen. Im Dorf drunten läutet man den Abendsegen. Da werden hinter dem Haus Schritte laut. Es ist Klemens.

Unwillkürlich macht Beate eine Bewegung, als wolle sie aufstehen und ins Haus gehen. Aber auch dann hätte sich eine Begegnung nicht vermeiden lassen. Es ist am besten, wenn sie ruhig sitzen bleibt, vielleicht geht er vorbei.

Nein, er kommt direkt auf sie zu, nimmt neben ihr Platz und zündet sich seine kurze Pfeife an.

»Hast es dir schon überlegt, Beate?«

»Ja, Klemens, ich habe nachgedacht darüber. Aber ich habe nicht viel Lust hinzugehen.«

Er nimmt die Pfeife aus dem Mund und sieht Beate scharf an. »Oder willst nur mit mir nicht hingehn?«

»Vielleicht, Klemens. Es könnte sein, dass du dadurch Unannehmlichkeiten bekommst.«

»Ah, woher denn! Wie meinst denn das überhaupt?«

»Es könnte immerhin sein, dass auch andere Mädchen darauf warten, mit dir zum Maitanz gehen zu können.«

»Ja freilich, sonst nichts mehr. Für was schaust denn du mich an? Da kennst mich aber schlecht. Aus den Weibern mach ich mir überhaupt nichts. Ist ja gar nichts Gescheites da bei uns. So was Herziges wie dich findet man in der ganzen Gegend nicht.«

Beate rückt ein wenig zur Seite, denn er ist beträchtlich näher gerückt.

»Das bildest du dir nur ein, Klemens.«

»Einbildung? Wahr ist's. So eine wie du ist keine da im ganzen Tal.«

Sein Atem geht rasch und hörbar. Die Nacht ist nun vollends hereingebrochen, hoch über den Bergen funkeln die Sterne.

»Heut Nacht, lass dir sagen, Beate, da hat mir geträumt von dir«, flüstert Klemens nahe an ihrem Ohr. »Ich sage dir, so einen schönen Traum hab ich in meinem ganzen Leben noch nicht gehabt.«

Beate will ihn nicht fragen nach diesem Traum. Sie hat mit einem Mal Angst vor seinen Augen, die im Dunkeln zu glühen scheinen.

Da hört man plötzlich das Gras rascheln. Ein Schatten taucht auf. Beate erkennt den Nahenden noch nicht. Aber Klemens zischt wütend durch die Zähne: »Ausgerechnet jetzt muss der alte Hirsch daherkommen, der dappige.«

»Oha«, sagt der Großvater, »da sitzt ja noch jemand? Stör ich?«

»Nein, im Gegenteil, Großvater«, sagt Beate schnell und freudig.

»Gescheiter wär's schon, du tätst dich niederlegen und schlafen«, zischt Klemens böse. »Was treibt dich denn immer umeinander bei der Nacht?«

»Vielleicht hab ich dich gesucht, Klemens. Ja, freilich, jetzt fällt's mir wieder ein. Dich hab ich gesucht. Der Selthammer-Girgl ist vorn und braucht dich.«

»Kann der nicht eher kommen?«, brummt Klemens missmutig und stelzt davon.

Der Alte nimmt neben Beate Platz. Er raucht seine Pfeife, und jedes Mal, wenn er einen Zug macht, leuchtet die Glut im Pfeifenkopf auf wie ein Glühwürmchen und erhellt sein Gesicht.

Endlich beginnt er zu reden: »Mein Lieber, jetzt hat's ihn wieder beim Bandl, den Klemens. Jetzt spürt er wieder den Frühling im Blut und da ist er wie dappig.«

»Großvater, ich bin so froh, dass du gekommen bist«, sagt Beate.

Ein dünnes, kicherndes Lachen in der Finsternis. »So? Froh bist? Na ja, vielleicht hab ich's gewusst, dass du froh bist, wenn ich komm. Weißt, manchmal hat der Großvater einen sechsten Sinn. Und den Klemens, den kenn ich. Das ist ein ganz Süßer. Wie eine Wespe ist er, die ein Apfelmus schmeckt. Nimm dich in Acht vor ihm, Dirndl.«

Beate lacht befreit. »Ich wüsst mich schon zu wehren, Großvater.«

»Glaub dir's schon, Dirndl, glaub dir's schon. Das hab ich längst gemerkt, dass du keine bist von den Leichtlebigen, wie sie manchmal rauskommen aus der Stadt in die Sommerfrische.«

Die Frösche quaken im Weiher, über den sich ein feines Licht hinzubreiten beginnt. Der Halbmond ist über die Berge heraufgestiegen.

»Großvater«, beginnt Beate, »warum hast du in der ersten Zeit überhaupt kein Wort mit mir gesprochen?«

»Weil ich mir die Menschen immer zuerst genau anschau und sie kennen lernen will, wie sie sind.«

»Und – kennst du mich jetzt?«

»Ja, besser, als du meinst.«

Beate sieht zu den schwarzen Umrissen der Berge hinauf. »Auch der Andreas redet fast nichts mit mir. Manchmal kommt es mir direkt so vor, als ob es ihm nicht recht wäre, dass ich im Haus bin.«

»Da hast eine falsche Einbildung, Dirndl. Recht ist es ihm wohl. Und dass er nicht redet oder nicht viel redet, das hat er von mir. Vielleicht auch von seiner Mutter. Das war auch eine von den Stillen, die mehr denken als reden. Ich tu der jetzigen Bäuerin gar nichts absprechen. Aber gegen die Mariann, so hat dem Anderl seine Mutter geheißen, kann sie nicht an.«

»Manchmal kommt es mir vor, Großvater, als wenn die Bäuerin dem Anderl gar nicht so zugetan wäre. Täusche ich mich da?«

Der Alte schüttelt den Kopf. »Du siehst gut, Dirndl. Es ist schon so, wie du sagst. Aber man darf ihr das nicht übel nehmen. Sie möcht es halt gern, dass der Klemens einmal Bauer wird auf dem Hartegg. Aber weil der Andreas der Ältere ist, lässt sich da nichts machen.«

»Dann wird der Andreas einmal hier Bauer sein?«

»Bis dahin aber wirst du schon längst wieder in der Stadt sein und vergessen haben, dass du einen Sommer lang Bauernarbeit getan hast aus Laune.«

»Nicht aus Laune. Es war mein fester Wille. Ach, Großvater, ich kann mir gar nicht vorstellen, dass ich jemals wieder in die Stadt zurückgehe.«

Sie steht auf und reckt die Arme. »Ach, ich weiß gar nicht, wie alles kommen wird! Ich weiß nur, dass ich jetzt zufriedener und glücklicher bin als je zuvor!«

Sie geht langsam davon. Der Alte bleibt an ihrer Seite.

»Es wird Zeit, dass wir uns schlafen legen«, sagt er. »Die Nächte werden jetzt verdammt kurz.«

»Ich hätte dich gern noch etwas gefragt, Großvater. Ich weiß nicht recht, was ich tun soll. Der Klemens möchte mich am Sonntag zum Maitanz mitnehmen.«

»Da gehst freilich mit, Dirndl. Warum denn nicht? Du bist jung und sollst lustig sein.«

»Eigentlich hab ich nicht wollen, aber wenn du mir zuredest –«

»Als ich jung war, da hat die Welt mir gehört«, lacht der Großvater, in Erinnerungen versunken. »Warum sollt es jetzt anders sein?«

Vor dem kleinen Zuhäusl trennen sie sich. In den Blättern des alten Spalierbaumes säuselt der Wind und drunten im Dorf flimmern die Lichter wie zur Erde gefallene Sterne.

Und dann ist der Sonntag da. Klemens steht um ein Uhr schon fix und fertig angezogen vor dem Haus. Er sieht gut aus in der kleidsamen Tracht. Die graue Lodenjoppe hat er lose um die Schultern gehängt. Auf seinem breitrandigen Hut fächelt lustig ein Adlerflaum im Wind. Die Lederhose ist stark abgewetzt und glänzt.

Wieder einmal zieht er die Uhr und seufzt unwillig. Schauderhaft, wie lang so ein Frauenzimmer braucht, bis es fertig ist.

Er ruft zum Fenster hinauf: »Was ist denn, Beate, bist noch nicht bald fertig?«

Beate erscheint am Fenster. »Gleich komm ich!«

Da tritt der Hartegger aus dem Haus. »Was ich noch sagen will, Klemens. Tu dich ein bissel z'ruckhalten, gell.«

Klemens zieht die Brauen hoch und macht ein unschuldiges Gesicht. »Ich weiß nicht, wie der Vater das meint.«

»Tu nur nicht so scheinheilig. Du weißt ganz gut, was ich mein. Die Beate ist ein anständiges Mädl und ich will nicht hoffen, dass du ihr den Kopf verdrehst mit deinem Süßholzgeraspel, das doch keinen Wert und Sinn hätt.«

»Ich weiß gar nicht, für was du mich anschaust.«

»Genau für das, was du bist. Und du bist ein Windhund, Klementerl. Ich merk schon lang, wie du deine Augen allweil hinter dem Madl spaziern gehn lässt. Aber, wie gesagt, da will ich nichts hören.«

Im selben Augenblick kommt Beate über die Stiege herunter.

»Gehn wir, jetzt wird's höchste Zeit«, sagt der Klemens und stelzt davon.

Im Saal herrscht schon lebhafter Betrieb. Klemens steht an der Kasse und überfliegt mit einem Blick den Trubel der Tanzenden.

»Zweimal«, sagt er dann und fasst Beate bei der Hand. So geht er durch den Saal. Jawohl, durch den ganzen Saal, obwohl vorne auch ein leerer Tisch gewesen wäre. Aber da hätte man ihn zu wenig gesehen mit seiner schönen Begleiterin.

Er muss sehr beliebt sein überall, der Klemens, denn von allen Seiten wirft man ihm Grüße zu, die er in herablassender Art erwidert, als wäre er ein Pfalzgraf und die anderen alle seine Untertanen.

Sie finden einen leeren Tisch. Klemens hängt seine

Jacke an einen Kleiderhaken und krempelt die Ärmel des Hemdes auf, als rufe ihn eine Arbeit. Als die Kellnerin kommt und nach seinen Wünschen fragt, legt er vornehm den Kopf zurück.

»Wein natürlich«, sagt er dann. »Vom besten, den ihr habt.«

»Und zwei Gläser?«

»Freilich, zwei Gläser. Siehst ja, dass wir zu zweit sind.«

Beate lässt ihre Blicke im Saal umherschweifen. Neben den einheimischen Burschen und Mädchen sind auch viele Urlaubsgäste da. Die Einheimischen tragen größtenteils die Tracht des Tales, die Mädchen das Mieder mit Verschnürung. Es sind durchwegs große und stattliche Menschen, die man immerzu ansehen kann. Ein kleiner, untersetzter Bursch schenkt die Maßkrüge voll.

Da hört sie Klemens fragen: »Tanzen wir, Beate?«

Beate steht sofort auf. Wie lange ist es schon her, dass sie zum letzten Mal getanzt hat!

Der Klemens ist ein guter Tänzer, vielleicht nimmt er sich heute noch ganz besonders zusammen. Jedenfalls wächst sein Stolz ganz gewaltig, als er merkt, das man ihnen nachschaut. Als der Tanz zu Ende ist, geht er mit Beate zum Musikpodium und bestellt gleich einen zweiten.

Erst nach mehreren Tänzen kommen Klemens und Beate an den Tisch zurück. Der Klemens schenkt gleich die Gläser voll und ist in bester Laune. Als nach einer Weile die Musik erneut zu spielen anfängt, will er sofort wieder tanzen. Aber Beate wehrt zunächst einmal lachend ab. So trinken sie miteinander ihre Gläser aus und werden immer fröhlicher.

Beate hat ihre Hemmungen abgestreift. Sie fühlt sich jetzt frei und kann nicht recht verstehen, warum sie immer ein bisschen Angst gehabt hat vor dem Klemens. Sie lacht und tanzt und trinkt ihm zu. Als die Flasche leer ist, kommt auf seinen Wink eine zweite. Der Klemens legt den Arm um sie. Beate sieht keinen Grund ihn abzuschütteln. Und dieser Klemens, dieser Draufgänger, weiß seine Chance zu nützen. Sein Griff um ihre Hüften wird vertraulicher und er schaut ihr auf den lachenden Mund.

»Von dir möcht ich gern einmal einen Kuss«, sagt er und sagt es so, dass man ihm nicht böse sein kann.

»Man kann nicht immer alles haben, was man will!«

Er verzieht den Mund auf so nette und drollige Art, dass Beate wiederum lacht, laut und fröhlich. Mitten in diesem Lachen aber verstummt sie. Ihr Blick scheint auf einmal ein festes Ziel zu haben.

Dort unter der Saaltüre steht Andreas. So fest, wie er dort steht, ist sein Blick auf sie gerichtet. Und in dieser einzigen Sekunde fällt alles ab, was sie so fröhlich und freundlich eingesponnen hat. Sie spürt diesen bannenden Blick bis in ihr Herz hinein und schiebt unwillig die Hand des Klemens fort.

Kein Hauch weinseliger Stimmung ist mehr in ihr. Alles ist weggescheucht. Nüchtern und klar erkennt sie, dass dieser Andreas dort steht als ihr Schicksal. Und sie hebt ihr Glas und trinkt dem Mann dort zu.

Da wendet er sich ab und mischt sich in das Gewoge der Menschen.

Das hätte ich jetzt nicht tun sollen, denkt sie und merkt, wie ihr die Röte ins Gesicht steigt. Es sieht aus, als ob ich mich ihm aufdrängen oder betteln möchte um einen freundlichen Blick.

Aufschauend sieht sie, dass der Klemens sie beobachtet. Und sie erschrickt, als sie seine Augen sieht. Er hat sie halb zugekniffen, etwas Lauerndes, etwas Böses ist in seinem Blick. Beate schaut über ihn hinweg. Da sieht sie den

Andreas mitten im Saal stehen. Ein großes, dunkelhaariges Mädchen von herber Schönheit steht dicht bei ihm. Sie lacht ihn an und spielt dabei mit den Fransen ihres Seidentuches, was allerdings auf den Mann keinen besonderen Eindruck zu machen scheint. Ganz ruhig blickt er das Mädchen an, ein paar Mal lacht er und wirft auf seine eigentümliche Art den Kopf zurück.

Da sagt Klemens dicht an ihrem Ohr: »Dieselbe dort, die beim Anderl steht, wird einmal Harteggerin. Das ist zwischen unserem Vater und dem Steinleitner schon vor zwanzig Jahren ausgemacht worden.«

Beate schaut ihn ungläubig an. »Vor zwanzig Jahren! Da ist der Andreas doch ein Kind gewesen, das noch gar nicht hat begreifen können, was da über ihn verhandelt wird.«

Belustigt lacht der Klemens auf. »Wenn es ums Geld geht, da hat der Anderl immer schon alles leicht begriffen. Aufs Geld ist er versessen wie der Teufl auf eine arme Seel. Und die Steinleitner-Veronika bringt einmal einen schönen Batzen Geld ins Haus.«

»Ach, so ist das«, sagt Beate langsam und schwer. Ihr Mund zieht sich wie unter einem körperlichen Schmerz zusammen. Aber dann gibt sie sich einen Ruck, wie wenn sie alles Bedrückende von sich abschütteln wolle, fasst das Weinglas und lacht wie von einem Albdruck befreit.

»Prost, Klemens! Wir vergessen ganz zu trinken. Ich will trinken, tanzen und fröhlich sein.«

Als sie gleich darauf mit Klemens durch den Saal wirbelt, sieht sie, dass Andreas hinausgeht.

9

Der letzte Dämmerschein des Tages ist erloschen und über den Bergen leuchten die Sterne in stiller Pracht. Da erhebt sich Andreas Rieser von dem Platz, auf dem er seit Stunden gesessen ist, wirft die Büchse über den Rücken und stapft dann das Latschenfeld hinunter. Sein Rucksack ist leer, obwohl ihm ein schöner Bock vor den Lauf gekommen ist. Aber er hat nicht daran gedacht, ihn aufs Korn zu nehmen. Die Jagdleidenschaft hat heute keine Gewalt über ihn.

Ach, dieser Tag und all die anderen Tage vorher. Oder ist diese Unruhe schon in ihm, seit die Beate ins Haus gekommen ist? Er weiß, dass kein Weg zu ihr führen kann, und unterdrückt standhaft jedes Begehren. Und doch, und doch! Wie hat dieses Mädchen sich tief in sein Inneres eingeschrieben! Ja, ihm ist, als leuchte ständig ein freundliches Licht vor ihm her, seit sie am Harteggerhof ist.

Nein, er darf nicht daran denken. Eines Tages wird dieses Mädchen wieder so lautlos verschwinden, wie es gekommen ist. Wahrscheinlich ist sie nur aus purer Laune und Langeweile aus ihrer Welt herausgestiegen wie ein leuchtendes Fabelwesen, um Unruhe in das Herz eines Menschen zu werfen, dessen Leben bereits seit Jahren klar festgelegt und umrissen ist.

Daran ist nicht zu deuteln und zu rütteln. Die Steinleitner-Veronika wird dereinst seine Frau werden und er hat sich gegen diese Bestimmung nie aufgelehnt. Hat den Beschluss der beiden Alten hingenommen als etwas Unabänderliches. Ja, er ist der Veronika sogar auf irgendeine Weise gut. Ihre herbe und kraftvolle Art bildet eine Ergänzung seines Wesens. Heute, als sie im Saal unten so vor ihm gestanden ist, hat er zum ersten Mal empfunden, dass sein Herz eigentlich sehr wenig Anteil an ihr hat.

Diese Erkenntnis ist so schwer über ihn hereingebrochen, dass er den Saal hat verlassen müssen.

Er hat die Büchse von daheim geholt und ist in die Berge hinaufgerannt. Stundenlang ist er mit geschlossenen Augen in den Almrosenbüschen gelegen und hat in Gedanken zuerst die eine, die Blonde, zu sich herantreten lassen. Sie hat so schlicht zu ihm gesprochen, ihre Stimme ist so herzlich gewesen wie ihr Blick und er hat gedacht, dass er sie nur bei der Hand nehmen müsse um mit ihr hügelauf und hügelab zu gehen, immerzu. Ihre Zärtlichkeiten waren so sanft und sie ist so lange nahe an seinem Herzen gewesen, dass für die andere, die Dunkelhaarige, keine Zeit mehr übrig geblieben ist, dass sie sich auch noch eine Weile zu ihm hätte setzen können. Aber als er dann die Augen aufgeschlagen hat, ist gar keine bei ihm gewesen und er hat sich so verlassen und einsam gefühlt wie vorher.

So ist also Andreas Rieser in den langen Stunden der Einsamkeit nicht mit sich ins Reine gekommen. Und als er jetzt zum Hof hinuntersteigt, muss er an den Bruder denken, den Klemens. Beinahe schmerzhaft fällt ihn das an. Er kennt den Klemens, kennt seine rasche und kecke Art. Und hat Andreas bisher eine solche Art belächelt, so packt ihn jetzt der Gedanke, dass Klemens auch dieses Mädchen Beate betören könnte, mit einer schmerzhaften Verzweiflung. Unwillkürlich schreitet er rascher aus, als könne er vor etwas Unausweichlichem davonlaufen. Im nächsten Augenblick fragt er sich wieder: Was geht dich die Beate an? Ist dein Weg nicht vorgezeichnet? Und hat nicht die Veronika das Recht, darauf zu pochen, dass du sie als Bäuerin auf den Hartegghof führst? Schließlich ist die Veronika kein Mädchen, das man einfach wegstellen kann mit dem Bemerken: »So, nun muss das vorüber sein. Es war recht nett und schön. Hab vielen Dank. Aber ich habe mich trotzdem getäuscht …«

Einen Augenblick überlegt er sich, ob er nicht zur Alm abzweigen sollte um mit der Biggi zu plaudern. Oben beim Almzaun bleibt er stehen. Verschwommen klingt Herdengeläute aus der Tiefe des Grundes und aus dem Dunkel leuchtet freundlich das Licht der Almhütte. Die Biggi ist also noch wach. Aber was soll er ihr sagen? Sein Verhältnis zur Halbschwester ist nie besonders herzlich gewesen. Immer ist die Biggi mehr auf Seiten des Klemens gestanden.

So übersteigt er also den Zaun nicht, sondern geht am Rand des Almfeldes weiter und verschwindet im Wald. Nach einer Stunde tritt er aus dem Wald heraus und kommt an einem Haus vorüber. Ein leeres und stilles Haus ist es, das da auf einsamer Höhe steht. Die Blätter der alten, knorrigen Obstbäume rauschen im Wind. Dort unter dem Nussbaum steht wie zum Hohn eine Bank, in deren Lehne zwei Buchstaben eingeschnitzt sind. Das ist wohl einmal eingeschnitzt worden in einer guten Stunde von liebender Hand. Ein Herz hat vielleicht dabei weit vorausschauend davon geträumt, dass Leben und Lachen sein solle in diesem Hof am Berg bis weit in die Zukunft hinein. Und nun steht das Haus doch tot und verlassen auf seiner Höhe. Hier ist ein altes Geschlecht erloschen und es hat ganz den Anschein, als ob nie wieder ein neues hier einziehen wolle, seitdem der letzte Besitzer, der Melchior Kronwitter, bei seinem Sohn im Flachland wohnt. Die Äcker und Wiesen sind teilweise verpachtet. Aber den Hof zu kaufen hat niemand rechte Lust. Er liegt zu abgeschieden und die Gründe sind nicht besonders gut.

Als Andreas daheim ankommt, ist es schon still im Haus. Aber aus dem Dorf herauf trägt der Windhauch das Juchzen und Lachen der tanzlustigen Jugend. Dazwischen klingt das helle Pfeifen der Klarinetten und das tiefe Gebrumm der Bassgeige.

Eine Weile steht Andreas unschlüssig und überlegt, ob er nicht noch einmal ins Dorf hinunter soll. Nein, es hat doch keinen Sinn. Er geht ins Haus und steigt in seine Kammer hinauf, die er mit dem Bruder teilt.

Unruhig wälzt sich Andreas auf seinem Lager. Er hört von der Stube herauf die alte Uhr die Stunden schlagen. Mitternacht ist schon vorbei, als er Schritte auf den Hof zukommen hört. Dann vernimmt er schnelle, huschende Schritte die Stiege herauf. Eine Tür wird geöffnet, rasch wieder geschlossen und ein Riegel vorgeschoben. Gleich darauf kommt Klemens in die Kammer, knipst das Licht an und schielt an der Tür stehend zum Bett des Bruders hinüber, der die Augen geschlossen hat, als ob er schliefe.

Nun zieht Klemens seine Jacke aus, wirft den Hut auf einen Stuhl und setzt sich auf den Bettrand. Dort zählt er sein Geld nach, verzieht den Mund und brummt vor sich hin: »Teuer ist er mir kommen, der Tag! Aber schön war's doch!«

Dann beginnt er seine Schuhe auszuziehen und pfeift leise vor sich hin. Später geht sein Pfeifen in ein Summen über, und obwohl das gar nicht hässlich klingt, lässt es doch das Blut des älteren Bruders zornig aufwallen, denn Andreas vermutet zu Recht, dass in Klemens bei diesem Summen nur eine erlebte Freude nachklingt. Und mit wem sollte er diese Freude anders erlebt haben als mit Beate?

Nun schlägt Klemens die Bettdecke hoch und lässt sich krachend auf die Matratze fallen. Andreas hebt den Kopf, als das Licht ausgedreht ist. Er sieht den Umriss von Gesicht und Hals des Bruders. Den einen Arm hat er über die Bettlade heraushängen. Und immer noch summt er.

»Kannst nicht ruhig sein?«, sagt Andreas mühsam beherrscht.

Klemens dreht sich herum und setzt sich im Bett auf. »Ah, du bist noch wach? Warum bist denn heut auf einmal so spurlos verschwunden? Die Veronika war nicht schlecht beleidigt.«

»Das ist mir gleich.«

»Mir auch«, sagt der Klemens. »Mich geht's nichts an.«

»Nein, dich geht's nichts an. Und jetzt hör gefälligst mit deinem Summen auf, dass man schlafen kann.«

»Zu Befehl, Herr Bruder«, lacht Klemens spöttisch. »Und nichts für ungut, wenn du wach geworden bist durch mein Gesumm. Mich freut aber heut alles. Das war wieder ein Tagerl, das ich so schnell nicht vergess.«

Gleich darauf geht sein Atem schon laut in den Schlaf über.

10

In der folgenden Woche beginnt die Heuernte. In wolkenloser Bläue strahlt der Himmel über dem Tal und Beate bekommt erst jetzt einen Begriff davon, was Arbeit heißt. Wie viele Stunden zählt wohl so ein Tag? Es geht vom ersten Morgengrauen bis in die sinkende Dämmerung. Beate fällt es nicht leicht, da mitzukommen. Aber sie hat nun einmal den Dienst bei Bauern auf sich genommen und will dabei ausharren. Vielleicht ist auch Trotz dabei, weil der eine Sohn des Hofes, der Andreas, nie mit einem Wort anerkennt, dass sie längst eine vollwertige Kraft geworden ist. Dies ist ihr von Klemens oft und vom Bauern erst am Sonntag bestätigt worden. Darüber ist sie so froh und stolz gewesen, dass sie endlich eine Karte nach Hause geschrieben hat.

»... und ich bin so froh«, hat sie geschrieben, »ein früher so leeres und unausgefülltes Leben nun ausgefüllt zu wissen in einem Dienst, der zwar hart ist, aber auch schön, weil es um der Erde willen geschieht ...«

Sie ist ja auch nicht allein. Nein, alle sind eingespannt in die harte Fron bei flimmernder Hitze. Wenn sie mit dem Klemens zusammenarbeiten muss, ist es trotz aller Mühe ein angenehmes Arbeiten. Der jüngere Harteggersohn packt überall bereitwillig selbst mit an, als hätte er Angst, es könnte ihr zu viel werden. Dabei hat er immer ein lustiges Wort parat, sodass sie oft lachen muss. Ganz anders ist es beim Andreas. Der tut so, als sähe er sie überhaupt nicht, lässt sie alles allein machen und langt höchstens einmal zu, wenn sie wirklich nicht mehr nachkommt.

»Was ist denn?«, sagt er einmal. »Du bist hintennach.«

Hilflos lässt Beate die Arme sinken. »Ich kann nicht mehr.«

Mit schmalen Augen sieht er sie an. Spielt nicht etwas wie Verachtung um seine Mundwinkel? »Wenn man will, geht alles«, sagt er dann kalt.

Beate gehorcht. Aus Scham, aus Trotz oder Wut? Sie kann das selber nicht recht unterscheiden. Auf alle Fälle soll dieser Mensch, der so gertenschlank und kraftvoll über die Wiesen hin geht, nicht glauben, dass sie keinen Willen hätte! Und siehe da, es geht auch.

Am darauf folgenden Samstag haben sie nur mehr vier Fuder heimzufahren. Als der Großvater mit der dritten Fuhre den Hohlweg hinauffährt um in den Weg einzubiegen, der zum Hof hinunterführt, gibt es einen kleinen Aufenthalt. Eine riesige Staubwolke hinter sich aufwirbelnd kommt ein Mercedes vom Dorf herauf und hält mit einem scharfen Ruck an der Straßenkreuzung. Der Großvater ist gezwungen ebenfalls anzuhalten.

Im Wagen sitzen Frau Margret Weinherr und Alfons. Sie hat einen hellen Staubmantel an und eine weiße Kappe auf. Nun schiebt sie die Sonnenbrille auf die Stirn und fragt den Alten: »Geht es hier zum Hartenegghof?«

»Hartegghof«, verbessert Alfons.

»Haa?«, fragt der Großvater und wölbt die Hand hinterm Ohr.

»Ob es hier zum Harteggerhof geht«, schreit Margret schon ziemlich unwillig.

»Ja, ja, zum Hartegghof.«

»Ist dort ein Fräulein Beate Weinherr beschäftigt?«

Der Großvater nimmt die Pfeife aus dem Mund und deutet damit auf die Wiese hinüber. »Wenn du die Beate meinst, die ist da drüben. Bist du gar die Mutter von der Beate?«

Frau Margret wendet sich entrüstet an ihren Sohn. »Hast du gehört, Alfons, er hat mich geduzt!«

»Es scheint hier so üblich zu sein, Mutter. Aber was willst du nun tun?«

»Ich werde sofort zu ihr auf die Wiese hinübergehen.«

»Wie lang bleibst denn noch stehen mit deinem Benzinesel?«, fragt der Großvater. »Siehst nicht, dass ich nicht 'nauskann auf die Straße?«

Langsam fährt Alfons zur Seite und lässt Frau Margret aussteigen. Schnurstracks geht sie auf die Wiese hinüber. Beate merkt es nicht eher, als bis die Mutter vor ihr steht.

Es ist ein recht eigentümlicher Augenblick. Beate hätte sich gern gefreut und kommt doch über ein höfliches Lächeln nicht hinaus. Vielleicht wäre ihre Begrüßung herzlicher ausgefallen, wenn auch die Mutter gelächelt hätte.

So aber sagt Frau Margret mit dem Pathos einer schlechten Schauspielerin: »Hier muss ich dich also wieder finden, mein Kind!«

Beate legt den Rechen weg und streckt der Mutter die Hand hin. »Es ist wirklich eine Überraschung.«

»Die Überraschung ist ganz meinerseits. Jedenfalls habe ich nicht erwartet, dass du hier arbeitest wie eine Bauernmagd.«

»Ich glaube, ich habe das deutlich geschrieben, Mutter. Was hast du denn erwartet?«

»Zumindest glaubte ich dich hier als Sommergast anzutreffen. Aber ich sehe, deine Hände sind rau.«

»Empfindest du das als Schande, Mutter?«

»Ich will nicht mit dir darüber streiten. Aber wenn du das Wort doch schon in den Mund nimmst, so denke daran, welche Schande du uns angetan hast, als du die Verlobung mit Wolfgang ohne jeden Grund gelöst hast.«

»Ohne jeden Grund? Glaubst du das wirklich, Mutter?«

Im selben Augenblick kommt der Hartegger mit dem Schwadenrechen vorbei und hält den Traktor an. Beate sagt ihm, dass dies ihre Mutter sei, worauf der Hartegger vom Schwadenrechen steigt und Frau Weinherr die Hand reicht.

»Ja, ja«, lacht er dabei. »Die Beate hat sich gut gemacht. Fleißig ist sie und brav.«

Frau Margret empfindet darüber keine große Freude, sie ist eher unangenehm berührt und wendet sich an Beate: »Du gehst wohl jetzt mit mir. Alfons wartet da drüben mit dem Wagen.«

Beate will verneinen, aber da sagt der Hartegger: »Geh nur zu, Beate. Wir werden ohnehin gleich fertig sein.«

Margret hat vorgehabt das Verhalten Beates sofort mit

einer scharfen Rüge zu verdammen. Da aber auch noch andere Leute auf der Wiese sind, unterbleibt die große Predigt vorläufig und die Mutter sagt nur: »Das hätte gerade noch gefehlt, dass du um Erlaubnis gefragt hättest, ob du mit deiner Mutter gehen darfst!«

Beate bleibt stehen und sieht die Mutter an. Diese Frau kommt ihr fremd vor und sie empfindet mit einem Mal, dass ihr immer etwas sehr Wichtiges gefehlt hat, nämlich das Verstandensein durch einen liebenden Menschen. Und gerade in den Müttern müsste doch jenes tiefe Verstehen aller Nöte und Sorgen junger Menschen vorhanden sein.

»Wäre es nicht besser, Mutter«, sagt Beate im Weitergehen, »wenn wir Vergangenes überhaupt nicht berühren? Ich fürchte nämlich, dass wir beide da doch nicht zusammenkommen.«

Frau Margret wirft beleidigt den Kopf zurück. »Was soll das heißen? Nicht zusammenkommen! Du wirst doch gestatten, dass ich wenigstens frage, was du nun zu tun gedenkst.«

»Was soll ich denn tun?«

»Darf ich dir meinen Vorschlag unterbreiten?«

»Bitte!«

»Alfons bringt mich nach Badgastein und auf dem Rückweg kommt er hier wieder vorbei und nimmt dich mit. Was sagst du dazu?«

»Gar nichts, Mutter, weil ich sehe, dass du nicht begreifen wirst, dass ich auch endlich einmal meinen Willen haben will. Ich könnte dir jetzt viel erzählen, welche Freude mir die Arbeit macht, aber ich fürchte, du wirst mich nicht verstehen.«

»Das fürchte ich auch und es wird auch in unseren Kreisen niemand Verständnis dafür aufbringen, dass ein Mädel, dem alle Chancen offen stehen, sich zu einer Bauernmagd degradiert.«

Beate hat eine heftige Antwort auf der Zunge, aber sie schweigt, denn sie nähern sich dem Auto und Margret ruft Alfons zu: »Denk dir, mein Junge, sie lehnt es ab, mit dir nach Hause zu fahren!«

Alfons zuckt lässig die Schultern. »Ich habe damit gerechnet.« Dann reicht er aber doch Beate die Hand. »Im Übrigen, du siehst fabelhaft aus, Beate.«

»Danke für das Kompliment, Alfons. Leider kann ich das von dir nicht behaupten.«

Alfons überhört das. »Was tun wir jetzt, Mutter? Du willst doch nicht in diesem Nest bleiben.«

»Ich denke, ihr solltet doch wenigstens einmal mit 'naufgehen zum Hof«, meint Beate.

»Meinetwegen«, brummt Alfons. »Ich kann mir zwar nicht denken, was es da Besonderes zu sehen gäbe. Hühnergegacker und Kuhmist. Ich danke dafür!«

Margret geht aber doch mit und Alfons folgt langsam mit dem Wagen nach. Sie hofft noch immer, Beate umstimmen zu können, und sagt: »Du könntest auch mit mir nach Badgastein kommen, Beate.«

»Ich habe dir doch schon gesagt, Mutter, dass ich hier bleiben will.«

»Das mag verstehen, wer will, ich nicht«, antwortet Margret und stampft zornig mit dem Fuß auf, was aber lächerlich wirkt, weil der Grasboden dieses Aufstampfen nur insofern zur Kenntnis nimmt, dass er den hohen Absatzstöckel festhält und Margret auf einem Fuß stehen muss, bis Beate ihr behilflich ist.

Als sie im Hof ankommen, fährt der Großvater gerade den Traktor in den Stall. Er zwinkert Beate zu, als wäre er längst im Bild, dass ihr dieser Besuch nicht erwünscht ist.

Nach kurzer Zeit kommen auch die anderen von der Wiese heim; sie alle sind freundlich und zuvorkommend zu Frau Weinherr und ihrem Sohn.

»Was?«, fragt der Hartegger. »Sie wollen uns nicht einmal die Ehr antun und bis morgen bleiben?«

»Ja, das gibt's dann doch nicht«, schaltet sich der Klemens sofort eifrig ein. Und die Bäuerin fügt hinzu: »Zimmer und Betten sind genügend vorhanden.«

»Ist auch fließendes Wasser in den Zimmern?«, fragt Frau Margret, schon halb entschlossen zu bleiben.

»Aber Mutter, hier ist doch kein Hotel«, belehrt sie Alfons. »Ich bin dafür, dass wir das freundliche Angebot nicht ausschlagen sollten.«

Margret Weinherr ist taktlos genug, zu sagen, dass sie die Zimmer erst besichtigen möchte, bevor sie sich entschließe zu bleiben. Dann findet aber doch das große Zimmer Gnade vor ihren Augen und sie meint zu Beate, die ihr das Zimmer zeigt: »Für eine Nacht mag es wohl gehen. Ich hoffe, Beate, dass es hier keine Wanzen gibt.«

»Du tust gerade, als ob du in ein Barackenviertel gekommen wärst.«

»Und mir will scheinen, dass diese kurze Zeit schon deinen Sinn für jede Kultur verdorben hat.«

Zu Ehren der Gäste wird das Abendbrot in der guten Stube aufgetragen. Es wird überhaupt alles getan, damit es Beates Angehörigen recht gut gefalle. Und Alfons weiß die weich gekochten Eier und den saftigen Bauernschinken schon zu würdigen.

»Schmeckt ausgezeichnet«, sagt er. »Alle Hochachtung. Ich finde, Mutter, dass Beate hier gut aufgehoben ist.«

Frau Margret hebt die Augen. »Diese Auffassung ist mir neu an dir, Alfons. Aber selbst wenn du hierin Recht hättest, so kann ich doch immer noch nicht begreifen, dass Beate um dessentwillen auf alle Vorzüge des Lebens verzichten will.« Sie führt geziert ein Stückchen Speck zum Mund und wendet sich an den Bauern: »Ihr unparteiisches Urteil: Hat ein Mädel, das über eine Million Mark Mitgift zu erwarten hat, es nötig, dass sie sich hier abrackert und sich die Hände ruiniert?«

Beate legt ärgerlich das Besteck fort. »Mutter, das gehört nicht hierher.«

Verwundert schaut der Hartegger zuerst auf Margret Weinherr und dann auf Beate. »Notwendig hätte sie es nicht. Aber es ist auch kein Schaden, wenn der Städter um die Mühsal des Bauernhandwerks weiß.«

»Aber ich bitte Sie, mehr als eine Million Mark.«

Frau Margret sagt dies absichtlich nochmals, weil sie merkt, welch gewaltigen Eindruck diese Mitteilung gemacht hat. Die Harteggerischen haben das nicht vermutet und es ist ihnen ein Rätsel, warum Beate dann bei ihnen rechtschaffen als Hilfskraft arbeitet.

Nach dem Essen lässt sich Margret Weinherr von dem Bauern durch den Hof führen und es ist komisch genug anzusehen, wie sie die paar Kühe, die von der Alm daheim geblieben sind, kritisch mustert.

Alfons schlendert inzwischen über den Hof hinaus zum Weiher. Dort trifft er Klemens.

Er hält ihm seine Zigarettenetui hin und fragt: »Sag mal, mein Lieber, ist denn in diesem Kaff gar nichts los? Ich habe nämlich gar keine Lust den ganzen Abend so herumzusitzen.«

»Freilich«, sagt Klemens und bläst den Zigarettenrauch vor sich hin, »heut ist ja Samstag – heut ist auch in Lauterkirch drunt was los. So ein Sommernachtsball, wie sie es heißen.«

»Sommernachtsball? Das ist ja fabelhaft. Du kommst natürlich mit. Als mein Gast selbstverständlich.«

Eine Viertelstunde später wandern die beiden bereits talwärts.

Beate ist bei ihrer Mutter im Zimmer. Margret Weinherr hat sich damit abgefunden, das Beate diesmal noch nicht mit heimkommen will. Sie ist aber sicher, dass es ihr später, wenn sie gestärkt und mit frischen Kräften aus Badgastein zurückkehrt, gelingen wird, die Tochter zu überreden dieses Leben aufzugeben. Sie begnügt sich jetzt zunächst damit, Beate mit bitteren Vorwürfen zu überschütten, weil sie damals einfach durchgebrannt ist.

»Du kannst dir vorstellen, wie furchtbar peinlich es für uns alle gewesen ist, als Herr Klingerham am Abend kam und uns eröffnete, dass er sich unter diesen Umständen gezwungen sehe die Verlobung zu lösen. Das hat der gute Junge nicht verdient, er hat dich abgöttisch geliebt und uns versichert, dass er nie wieder einer Frau glauben könne.«

Beate schweigt, aber als sie hört, dass Wolfgang großspurig die Auflösung der Verlobung verkündet hat, da spielt ein leises Lächeln um ihren Mund.

»Und nicht einmal entschuldigt hast du dich bei ihm«, fährt Margret fort. »Ohne ihm eine Aufklärung zu geben hast du ihn treulos verlassen und ihm eine Blamage bereitet, von der sich sein aufrechter Charakter nur schwer erholt hat.«

Beate hat sich mit den Blumen am Fensterbrett zu schaffen gemacht, indem sie ein paar welke Blätter abzupft. Jetzt wendet sie sich um.

»Hat Wolfgang – ich meine, hat Herr Klingerham gesagt, dass ich ihm keine Aufklärung gegeben hätte?«

»Natürlich. Sonst wäre ja das Ganze nicht so verwerflich gewesen.«

»Dann muss ich dir leider sagen, Mutter, dass Herr Klingerham der erbärmlichste Lügner ist, der mir jemals begegnet ist. Sei still, Mutter, jetzt rede ich. Du rümpfst die Nase über die Menschen hier, weil es einfache Bauern sind. Hier ist aber keiner so feig wie Wolfgang Klingerham. Ich habe diesen Menschen vergessen. Nicht die Erinnerung an ihn schuldbewusst zugedeckt, sondern wirklich und ganz vergessen. Da sagt er großspurig zu euch, das er es gewesen ist, der die Verlobung gelöst hat. Die Wahrheit, Mutter, sieht aber so aus, dass ich ihm den Verlobungsring zurückgeschickt habe, nicht er mir. Ich habe ja nicht erwartet von ihm, dass er seine Schuld bekennt. Aber wenn er jetzt alle Schuld mir in die Schuhe schiebt, verliere ich meinen letzten Rest Achtung vor ihm.«

Frau Margret starrt ihre schöne Tochter verwundert an. »Aber davon wusste ich ja gar nichts. Was war denn da eigentlich los?«

»Es war nicht mehr und nicht weniger los, als dass Wolfgang mich während der Verlobungszeit nach Strich und Faden hintergangen und betrogen hat. Ich hatte die Beweise in der Hand. Durch einen Zufall bin ich darauf gekommen. Ich hätte dir nie davon erzählt. Aber nachdem er sich als Unschuldsengel hinstellt, bin ich gezwungen dazu.«

»Das habe ich ja gar nicht gewusst. Aber wenn ich denke –«

»Du sollst jetzt nicht denken, Mutter. Du sollst jetzt schlafen«, sagt Beate und zieht für die Mutter das Deckbett zurück. Dann geht sie zur Tür. »Gute Nacht, Mutter. Wenn dich das Rauschen des Brunnens stört, schließe ich das Fenster. Aber sonst schläft es sich besser bei offenem Fenster.«

Müde vom schweren Tagwerk schläft Beate sofort ein.

11

Nun sind sie wieder fort. Beate atmet richtig auf, denn die Mutter hat ihr noch eine lange Standpredigt gehalten und geschlossen: »Wenn ich aus Badgastein zurückkomme, gebe ich keine Ruhe, bis ich dich heimbringe. Vater würde mir sonst ewig Vorwürfe machen.«

Versonnen hat Beate vor sich hin geblickt. »Ach ja, Vater«, hat sie leise gesagt. »Grüße ihn herzlich von mir, und sag ihm, dass ich sehr viel an ihn denke.«

»Das scheint mir nicht der Fall zu sein. Du vergisst ganz und gar, mein Kind, dass dein Fortgehen – und dein Hierbleiben – nur ein weiterer Nagel auf seinen frühen Sarg sind. Darum musst du wieder heim. Darum – und auch deshalb, dass du bei solchem Umgang nicht gänzlich für die Kreise, in die du gehörst, verdorben wirst.«

Darauf hat Beate nichts mehr geantwortet, hat nur dem Wagen nachgesehen, bis er im Wald verschwunden ist. Von da an ist es für sie erst ein richtiger Sonntag, an dem sie sich freuen will.

An diesem Sonntag aber geschieht etwas recht Merkwürdiges. Beate begegnet dem Andreas beim Weiher. Und da bleibt er stehen und lächelt sie an. Wie zwei Sonnen leuchten seine Augen und Beate wird darüber ganz verwirrt. Sie geht schnell von ihm weg. Aber sieh da, der Andreas wendet sich um und bleibt an ihrer Seite.

»Warum läufst fort von mir, Beate? Ich seh doch, wie froh du bist, dass dein Besuch endlich fort ist. Ist es nicht so?«

Diese Frage hätte Beate nun unbedingt mit Ja beantworten müssen. Aber was geht es ihn an, ihn, der doch niemals große Worte an sie verschwendet hat und der –

Da fällt sie plötzlich ein ungeheurer Gedanke an. Nun weiß sie sich seine plötzliche Freundlichkeit zu deuten.

Ihre erste Verwirrung macht mit einem Schlag einem Gefühl von Spott und Zorn Platz. Weil die Mutter in ihrer prahlerischen Art von einer Million Mark gesprochen hat, darum gibt dieser Materialist plötzlich seine Verschlossenheit auf und deutet ein vages Interesse an ihr an. So denkt Beate. Und sie hätte weinen können, dass ein Mensch so schlecht sein kann. Da ist der Klemens doch ganz anders. Sie will fortrennen.

Im selben Augenblick aber sagt er: »Wenn du so wärst, wie die zwei waren, dann könnte man dich nicht mögen, Beate.«

Sie wirft den Kopf zurück und sieht ihn aus schmalen Augen an. »Merk dir das, Andreas, es ist mir völlig gleichgültig, ob du mich magst oder nicht.«

Befremdet schaut er in ihre erregten Augen. Sein braunes Gesicht ist dicht vor ihr. »Ach, so ist das?«, sagt er leise.

Im selben Augenblick tritt der Klemens hinter dem Haus hervor. Es gibt ihm einen Riss, als er die beiden so beisammenstehen sieht. In seinen Augen ist jenes merkwürdige Flimmern, vor dem man Angst haben kann. Langsam kommt er näher heran.

»Was habt denn ihr zwei zu tuscheln?«, fragt er zischend.

»Geht dich das was an, Klemens?« Beate sieht ihn verwundert an.

»Ja, es geht mich was an. Ich mag das nicht, das sag ich dir.«

»Du magst das nicht?«, fragt nun Andreas ganz ruhig.

»Nein, ich leid' es nicht. Von dir nicht. Geh zu deiner Veronika, wenn du Heimlichkeiten haben willst. Aber von der da lass die Finger, das rat ich dir im Guten.«

»Du Narr, du! Möchtest du mir was verwehren?«

»Ja, das verwehr ich dir, weil ich nicht allweil und überall hinter dir zurückstehen will. Meinst du, ich hab noch nicht gemerkt, was du allweil für Augen hinter ihr her machst?«

Andreas bleibt immer noch halbwegs ruhig. »Klemens, wenn du dein Maul nicht hältst, dann rutscht mir bald die Hand aus.«

Klemens wechselt die Farbe. Seine Augen funkeln drohend. Er reckt sich und scheint um einen halben Kopf zu wachsen. Trotzdem erreicht er bei weitem nicht die Größe des Bruders. Beate lässt die beiden stehen und läuft ins Haus.

»Ich rate dir noch einmal im Guten«, zischt Klemens, »lass die Finger von ihr, sonst gibt es ein Unglück.«

Andreas wendet sich zum Gehen und schiebt den Klemens mit dem Ellbogen zur Seite. »Ruck ein bissel, du Narr. Hast nicht gehört? Die Beate hat vorhin gesagt, dass ich ihr völlig gleichgültig bin.«

Andreas geht davon und verschwindet alsbald hinter einer Hügelwelle. Klemens starrt ihm nach. Die letzten Worte des Andreas haben ihn nicht ganz beruhigt. Als er die beiden so stehen gesehen hat, hat es ihn wie ein Sturzgewitter überrascht. Eine ganze Welt von Gedanken und Plänen ist in ihm ins Wanken geraten.

»Da muss jetzt die Mutter helfen«, sagt er laut vor sich hin und sucht die Harteggerin in der Küche auf. Zunächst redet er ein wenig um den Brei herum und kommt dann auf Umwegen auf sein eigentliches Ziel zu.

Die Mutter schaut ihn erst unsicher an und findet dann mit ihrem berechnenden Verstand gleich das Richtige heraus.

»Mei, Bub, hättest du ein Glück, wenn das Madl dich möchte. Bedenk doch, Bub, eine Million Mark Vermögen! Halb so viel musst auch du bekommen, und wenn ihr das zusammenlegt, könnt ihr euch schon eine Existenz aufbauen.«

Das alles hat sich Klemens auch durch den Kopf gehen lassen. Er will alles versuchen um zu seinem Ziel zu kommen. Da soll ihm auch der Bruder nicht hindernd im Weg sein. Und – ist es nicht so, dass auch sie ihm ein wenig gut ist? Hat sie es damals, als sie vom Maitanz heimgegangen sind, nicht geduldet, dass er den Arm um sie legte? Andreas soll sich nur nicht einbilden, dass jetzt er plötzlich Hahn im Korb werden könnte!

Ach, wenn Klemens wüsste, was Beate in dieser Stunde denkt! Sie liegt im Bett und starrt zur Decke hinauf. Noch nie zuvor ist sie in einem solchen Zwiespalt gewesen wie jetzt. Über ihr Herz ist heute Abend etwas hingeglitten wie eine Welle unsagbaren Glücks, an das sie so gerne glauben möchte und doch nicht glauben kann, weil es doch zu auffällig ist, dass er ihr gerade jetzt geneigt sein will, nachdem er von ihrer Mitgift gehört hat.

Beate will nicht auf diese mahnende Stimme hören. Nein, sie will unbedingt an das Glück glauben. Das dürfte kein Traum sein und sie sagt es sich in dieser Nacht hundertmal vor, dass er ja gar nicht auf ihr Geld zu spekulieren braucht. Wird er nicht selber einmal Besitz genug haben und kann Klemens den Bruder nicht aus reiner Gehässigkeit als Materialisten hingestellt haben?

Wie oft hat sie es schon verwünscht, dass sie damals bei jenem Maitanz diese kleine Zärtlichkeit an Klemens verschwendet hat, aus der er jetzt sein Recht ableitet! Nur der Wein ist schuld gewesen, vielleicht auch der Trotz und der Wille den andern zu vergessen. Zwar hat sie immer geglaubt, Klemens hätte das nicht zu ernst genommen. Der heutige Abend aber hat sie eines anderen belehrt. Darum wird sie ihm morgen sagen müssen, dass seine Rechnung falsch sei.

Aber gerade als sie das denkt, wird leise an ihre Türe geklopft. Sie erschrickt bis ins Herz hinein und denkt nichts anderes, als dass es Andreas sei. Erst als sie die Stimme leise nach ihr rufen hört, erkennt sie, dass es Klemens ist, und hält sich ganz still. Schließlich entfernt sich der nächtliche Rufer wieder und es ist nichts mehr zu hören.

Etwas später hört sie noch jemanden auf das Haus zukommen, die Türe öffnen und schließen. Das ist der Hartegger, der vom Sonntagsbier heimkommt und sich wundert, dass seine Frau noch hellwach liegt, als habe sie auf ihn gewartet.

»Du bist noch wach?«, fragt er. Ächzend lässt er sich auf den Bettrand fallen und schnürt seine Schuhe auf.

»Heut hab ich warten müssen auf dich«, sagt die Frau, »weil ich dir was sagen muss.«

»So? Hat das nicht Zeit bis morgen?«

»Nein, das muss ich dir heut noch sagen. Es handelt sich um den Klemens.«

»Ach, um den? Was hat er denn schon wieder ausgefressen?«

»Gar nichts. Diesmal hat er sogar etwas ganz Vernünftiges im Sinn.«

Der Hartegger hat die Schuhbänder nun glücklich aufgebracht und lässt den ersten Schuh polternd fallen.

»Das wär das erste Mal, dass ich von dem was Vernünftiges hören könnt.«

Die Frau wird ein wenig ungeduldig, weil der Bauer gar so wenig Interesse zeigt. »Ja, ja, ich weiß schon. Bei dir gilt ja bloß der andere was. Der Klemens ist immer schon der Mindere gewesen und wird's auch bleiben, wenn er sich nicht selber rührt.«

»Hör mir doch mit dem Schmarrn auf! Mir ist einer so lieb wie der andere, bloß hat mir der Klemens noch recht wenig Gelegenheit gegeben, dass ich mich freuen könnt an ihm. Dem seine Dummheiten kannst auf keine Kuhhaut mehr schreiben. Aber wie gesagt, wenn ich einmal etwas Vernünftiges von ihm hören könnt, mich tät's freuen.«

Die Bäuerin setzt sich halb im Bett auf. »Also, lass dir sagen. Der Klemens hat die Absicht, die Beate zu heiraten.«

Der Hartegger lacht schallend auf und schlägt sich krachend auf die Schenkel. »Ah, da schau her. Wie stellt er sich denn das vor, der Hornochs?«

Ärgerlich antwortet die Harteggerin: »Ich hab mir's ja gleich denkt, dass du wieder zu viel Bier erwischt hast.«

»So viel Bier hab ich nicht getrunken, dass ich nicht mehr merken tät, was das für ein Blödsinn ist.«

»Warum soll das ein Blödsinn sein? Hast nicht selber gehört, dass die Beate eine Million Mark mitkriegt?«

»Jessas, ja, ganz richtig. Schau mal her! Ist er also doch so dumm, mein Klemens, wie ich allweil gemeint hab. Aber bau nicht gleich große Luftschlösser, Alte. Wart zuerst ab, wie sich die Sach auswächst. Und jetzt will ich schlafen.«

Damit ist für den Hartegger das Thema erledigt. Für diesen Tag wenigstens. Er fängt drei Minuten darauf schon zu schnarchen an. Die Bäuerin freilich, die muss noch eine Zeit lang »studieren« und sie nimmt sich fest vor, am Morgen mit der Beate wie bisher zu sein. Jedenfalls will sie ihren Klemens nach allen Kräften unterstützen, dass er sein Glück sicher in die Hände bekommt.

Beate erwacht sehr früh, viel zu früh für diese Nacht mit den verwirrenden Träumen. Es ist noch dunkel in der Kammer, nur vor den Fenstern ist ein schwacher Schein des Tagwerdens. Sofort kreisen ihre Gedanken wieder um den gestrigen Abend. Sie zieht sich an und verlässt das Haus, geht über den Hof durch die weichende Nacht, die noch nicht ganz zu Ende ist, die jetzt ihr ganz allein gehört, weil sonst noch kein Mensch auf ist um diese Zeit.

So hat sie wenigstens gemeint. Und sie erschrickt heftig, als sie auf der anderen Weiherseite den grauen Schatten eines Menschen gewahrt, der nun auf sie zukommt. Es ist kein Zweifel, es ist Andreas.

Mit klopfendem Herzen bleibt Beate stehen. Immer deutlicher schält sich seine Gestalt aus den feinen Frühnebeln heraus, die über dem Weiher stehen. Wie in Angst vor sich selbst schließt sie die Augen und öffnet sie erst wieder, als seine Stimme leise vor ihr aufklingt: »Beate …«

Ihr Blick begegnet dem seinen, aber sie ist nicht fähig ein Wort zu sprechen.

»Ich habe mir die ganze Nacht gewünscht dich zu treffen, noch bevor ein anderer mit dir spricht.«

»Ja?«, fragt sie und senkt die Augen. »Soll das heißen, dass ich glauben soll, du hättest deswegen eine ganze Nacht lang nicht geschlafen?«

»Das ist nicht so wichtig, ob du es glaubst oder nicht glaubst. Wichtig allein ist für mich nur, ob der Klemens gestern ein Recht gehabt hat, so zu reden, wie er geredet hat.«

»Er hat kein Recht gehabt, so zu reden.«

»Das wollt ich wissen! Wenn es dir auch grenzenlos gleichgültig ist, ob du mir etwas bedeutest oder nicht, so bin ich doch froh jetzt, dass auch der Klemens kein Recht auf dich hat.«

Was soll sie tun? Sie kann doch jetzt nicht alles umwerfen und ihm plötzlich gestehen, dass er ihr gar nicht gleichgültig ist, niemals gleichgültig gewesen ist.

»Ich weiß nicht, wohin du zu so früher Stunde willst«,

hört sie ihn weitersprechen. »Aber wenn du ein bisschen Zeit hättest, möchte ich dir gern was sagen.«

»Ja, bitte.« Ihre Stimme zittert.

»Es wäre besser gewesen, Beate, wenn du nie in unser Haus gekommen wärst.« Plötzlich legen sich seine Hände auf ihre Schultern. Und obwohl es ganz leicht und ohne jeden Druck geschieht, meint sie, der Boden wanke unter ihr und sie versinke ins Uferlose. »Meine Ruh ist hin seit dem Tag, da du in unser Haus gekommen bist, Beate.«

»Nein, das kann nicht sein«, sagt sie leise.

»Du musst mich ganz ruhig anhören, Beate. Es ist die Wahrheit, dass ich dich gern gehabt hab von der ersten Stunde an. Verfolgt hast mich bei Tag und jede Nacht im Traum. Du musst es doch gespürt haben, Beate. So gern hab ich dich gehabt, dass ich den Klemens hätt schlagen können für jedes gute Wort, das du ihm gegeben hast. Ich weiß, er will mich runtersetzen bei dir, wo es geht. Soll er. Ich kann es nicht ändern, wenn du ihm mehr glaubst als mir. Ich kann auch nicht betteln um ein bisserl Liebe, ich kann dir nur versichern, das ich dich gern hab wie nie zuvor einen Menschen. Und ich werd dich noch gern haben, wenn du längst wieder in die Stadt zurückgegangen bist und meinen Namen gar nicht mehr weißt.«

Beate weiß nicht, wie ihr geschieht. Als würde sie von unsichtbaren Händen hochgehoben, so leicht ist ihr. Alles andere ist unendlich fern. Nur dieser Mann mit seinem schmalen braunen Gesicht ist gegenwärtig; der leise Wind des erwachenden Morgens, ein Vogelruf aus dem nahen Wald und der heller werdende Himmel über den Bergen. Und das ganze grenzenlose Glück dieser Stunde.

»Das wird nie sein, dass ich dich vergesse«, hört sie sich sagen und neigt tief den Kopf. So sieht sie nicht das Aufleuchten in seinen Augen. Nein, sie kann ihn jetzt einfach nicht ansehen, weil sie Angst hat, er könnte am feuchten Glanz ihrer Augen erkennen, dass ihr Herz schon längst bereit gewesen ist für den Ruf dieser Liebe.

Immer noch liegen seine Hände auf ihren Schultern. Ganz langsam lässt er sie jetzt an ihren Armen heruntergleiten bis zu ihren Händen. Beglückt spürt er, dass sie ihre Hände in grenzenlosem Vertrauen in die seinen schmiegt.

Plötzlich hebt sie den Kopf. »Es hat mir schon einmal einer gesagt, dass er mich gern hätte. Nicht der Klemens, ein anderer. Aber dann ist alles Lüge gewesen.«

»Und nun meinst du, dass auch ich lügen muss?«

»Ist es wirklich wahr, Andreas? Wirklich wahr, dass du – mich lieb hast?«

Er nickt und hat dabei ein jungenhaftes Lächeln um seinen Mund. Nun kommt dieses Lachen auf ihren Mund zu …

Im Weiher flattern ein paar Wildenten auf. Es raschelt im Schilf. Aus der Tiefe des Dorfes hört man den Glockenschlag der Stunde. Weit über sich sieht Beate den leuchtenden Morgenhimmel, an dem gerade die letzten Sterne verblassen.

Seine Hand liebkost ihr Haar und ihre Wange.

»Ich weiß, was du jetzt denkst«, sagt er.

»Weißt du es? Siehst du in mein Herz?«

»Ja, in dein Herz. Muss ich dir's sagen?«

»Ja, bitte, bitte, sag mir alles.«

»Du denkst daran, dass ich schon an die Steinleitner-Veronika gebunden bin. Der Klemens hat es ja gestern deutlich genug gesagt in deiner Gegenwart.«

»Ich habe nicht daran gedacht, Andreas. Aber jetzt, weil du es sagst, ist es schwer, zu wissen, dass es so ist.«

»Kannst du noch ein bisschen Geduld haben, Beate? Ich glaub, dass ich dir in ein paar Tagen schon sagen kann, dass ich so frei bin wie du. Du musst nur ein wenig Vertrauen haben zu mir.«

Da schlingt sie ihre Arme jubelnd um seinen Hals. »Ja, Andreas. Ich vertraue dir – grenzenlos.«

Nun ist der Tag vollends erwacht und es ist höchste Zeit, dass sie sich trennen, wenn sie nicht überrascht werden wollen. Andreas geht als Erster von der Rückseite auf den Hof zu, geht in den Schuppen und fährt den Traktor heraus um Grünfutter für die Kühe zu mähen, die man nicht auf die Alm getrieben hat.

Als Beate sich umwendet und auf der Vorderseite auf den Hof zugeht, taucht hinter den Hagedornbüschen ein schneeweißes Haarbüschel auf und schließlich das ganze lachende, gutmütige Gesicht des Großvaters. Er hat alles mit angesehen und kichert leise vor sich hin: »Genauso hab ich's kommen sehn! Lang genug hat er gewartet, der Teufelsbub! Ich hab es doch längst gemerkt, wie ihre Herzen lichterloh brennt haben vor lauter Lieb zueinander. Na ja, dann wollen wir mal abwarten, was die nächste Zeit bringt. 's wird schon ein heiliges Donnerwetter absetzen, mein ich.«

Im Tal klingt die Morgenglocke und überall erwacht das Leben des neuen Tages.

12

Im Hause Weinherr ist großer Familienrat angesetzt worden. Dazu erscheint auch der Rechnungsrat Wolters mit seiner Frau Hermine. Herr Wolters und Frau Margret sind Geschwister, und da auch er in die seinerzeitige Erbschaft mit eingeschlossen ist und außerdem als Experte in Finanzfragen gilt, hat Frau Margret aus Badgastein angerufen, dass man ihn unbedingt zu dieser Besprechen beiziehen müsse. Es muss eine wichtige Debatte sein, die bevorsteht, denn sonst hätte Frau Margret ihren Aufenthalt in Badgastein schwerlich abgebrochen. In groben Zügen wissen ja bereits auch der Rechnungsrat und seine Frau, um was es sich handelt.

Beate hat einen Brief geschrieben, in dem sie mitgeteilt hat, dass sie entschlossen sei, den Bauernsohn Andreas Rieser zu heiraten. Es sei zwecklos, einen Versuch zu unternehmen, sie davon abzubringen. Sie habe nach dem Herzen gewählt und sei sich vollständig über ihr Tun im Klaren, wie auch ihr ganzes Handeln getragen sei von dem Bewusstsein eines großen Glückes.

Es wäre also überflüssig gewesen, den Familienrat einzuberufen, um zu beraten, wo es eigentlich nichts mehr zu beraten gab. Man kennt Beate gut genug um zu wissen, dass man sie nicht durch einen mündlichen oder schriftlichen Protest zu einer anderen Meinung zwingen kann. Aber Margret ist zum Äußersten entschlossen und dazu will sie die Meinung der anderen hören.

Als ob jemand im Hause gestorben wäre, so drückend ist die Stimmung. Der Kranke ist müde und schwach, als Frau Weinherr Beates Brief vorliest.

Als sie geendet hat, sieht sie sich im Kreis um, als wolle sie eine Meinung hören. Der Rechnungsrat hat wie in tiefem Nachsinnen die Hand über die Augen gelegt. Als niemand etwas sagt, legt Margret den inhaltsschweren Brief mit Nachdruck vor sich auf den Tisch.

»Ich finde Beates Gebaren so empörend, das es mir schwer fällt, die richtigen Worte zu finden. Vielleicht könnt ihr mir nachfühlen, wie schwer es für eine Mutter ist, erleben zu müssen, wie ihre einzige Tochter im Schmutz eines armseligen Lebens versinken will. Ich sage: sehenden Auges versinken will. Ihre Angehörigen von einem solchen Entschluss einfach in Kenntnis zu setzen, das schlägt unserer ganzen Gesellschaftsordnung ins Gesicht. Ich gebe mich da keiner Täuschung hin. Beate wird auf ihrem Beschluss halsstarrig beharren und es ist direkt beleidigend, uns zu schreiben, dass ihr ganzes Handeln von dem Bewusstsein eines großen Glücks getragen sei. Das zeigt uns genau, wie tief sie bereits gesunken und wie weit sie schon verbauert ist um leichtfertig eine Welt über Bord zu werfen, in der sie aufgewachsen und erzogen worden ist.«

»Sehr richtig«, unterbricht hier der Rechnungsrat und zeigt ein Gesicht wie ein zürnender Engel Gottes. »Beate versucht an den Wertmaßstäben unserer bürgerlichen Welt zu rütteln. Und da …«

»Sie versucht es nicht nur, sie tut es«, sagt Margret Weinherr heftig. »Und ich bin überzeugt, sie setzt sogar voraus, dass wir ihre Handlungsweise billigen. Das kann natürlich niemals in Frage kommen.«

»Niemals«, sagt die Frau des Rechnungsrates und reckt den dürren Hals.

»Ich war von vornherein überzeugt«, fährt Frau Margret fort, »dass ihr nicht anders denken würdet als ich und dass ihr meine Meinung vollkommen teilt. Wolltest du etwas sagen, Erwin?«

»Was gibt es da viel zu sagen«, meint der Leidende. »Du weißt, liebe Margret, dass ich im Prinzip zwar deiner Meinung bin. Aber wir dürfen bei allem nicht vergessen, dass die junge Generation sich ihre eigenen Gesetze aufstellt. Und wenn es nicht uns selbst träfe, so könnte man eigentlich Freude haben an der Kraft und Energie, mit der die Jugend ihre Wege geht.«

Sofort wird ihm von allen Seiten lebhaft widersprochen, und zwar mit einem solchen Wortschwall und mit einer solchen Menge von Argumenten, dass der alte Herr sogleich beschließt mehr Zuhörer zu bleiben als Verteidiger. Er sagt nur noch mit merkwürdig klarer Stimme:

»Überdies vergesst ihr alle, dass auch die Liebe eine Macht ist. Ich bitte dies zu bedenken.«

»Aber die Vernunft ist keine mindere Macht«, antwortet sofort der Rechnungsrat und stemmt eine Hand auf den Tisch, als hätte er darüber bereits einen Gesetzentwurf im Landtag eingereicht. »Beate hat den Boden der gegebenen Tatsachen bereits weit verlassen, sie hat sich zu weit verloren, wenn ich so sagen darf. Darüber musst auch du dir klar sein, lieber Schwager. Milde wäre hier ganz fehl am Platze, und soweit ich die Angelegenheit beurteilen kann, möchte ich empfehlen, Beate auf der Stelle heimzurufen. Kommt sie diesem Befehl nicht nach, so hat sie die Konsequenzen daraus zu tragen und es müsste dann ein Exempel statuiert werden, das keinen Zweifel übrig lässt.«

»Keinen Zweifel!«, sekundiert seine Frau.

»Sie wird kommen«, sagt der Kranke wie in leiser Hoffnung. »Sie muss kommen, denn – sie ist doch auch mein Kind.«

Ach, er glaubt ja selbst nicht daran, dass Beate auf ihr Liebesglück verzichten wird, und sein Kopf sinkt müde in seine Hand. Noch nie hat er sich den Tod herbeigewünscht, obgleich gerade seine letzten Jahre nicht leicht gewesen sind. Aber in dieser Stunde, als die Schreibmaschine geholt und Alfons aufgefordert wird zu schreiben, in dieser Stunde wünscht der geschlagene Mann sich das Ende. Die Müdigkeit in seinen Gliedern wird so bleiern, dass er sich willenlos von all dem Schweren überwältigen lässt und die Augen schließt.

»Nun schläft er«, sagt Frau Margret und hält im Diktieren inne. Und weil auch die anderen glauben, dass er schlafe, lassen sie ihrer Rede freien Lauf und es wird nicht gespart mit Drohungen gegen Beate.

»Schreib nur«, empfiehlt Tante Hermine, die Frau des Rechnungsrates, »schreib nur, ob es ihr Wunsch sei, den kranken Vater so tief zu kränken durch ihren Starrsinn.«

»Ich glaube, es ist besser, wenn er schreibt, ob sie ihres Vaters Herz zu brechen gedenke«, schlägt der Rechnungsrat vor.

Und Alfons schreibt mir wahrer Inbrunst.

»Male es ihr überhaupt recht eindringlich aus«, sagt Margret Weinherr, »dass der Mann, an den sie ihre angeblich große Liebe verschwendet, es sich wahrscheinlich überlegen wird, sie zu heiraten, wenn sie ihm sagen muss, dass sie von zu Hause keinen roten Heller zu erwarten hat.«

Alfons äußert selber keine Meinung, aber er schreibt mit Wonne.

Und keiner merkt, dass dem Kranken in seinem Rollstuhl leise hinter den vor dem Gesicht gefalteten Händen schwere Tränen über die abgezehrten Wangen laufen.

Als der Brief fertig ist, wird er von Frau Margret nochmals laut vorgelesen. Dann unterschreiben sie der Reihe nach und lassen nur weiter oben einen kleinen Raum frei für die Unterschrift des Vaters.

Bei einer leisen Regung seines Körpers glaubt Frau Margret, dass er nun so weit wach sei um die Unterschrift leisten zu können.

»Soll ich dir den Brief nochmals vorlesen, Erwin?«, fragt sie mit einem Ton, der liebevoll klingen soll.

»Du brauchst mir den Brief nicht vorzulesen«, sagt Erwin Weinherr. »Ich habe schon alles gehört. Ihr habt dabei nur eines vergessen, dass Beate auch mein Kind ist. Ich werde nicht unterschreiben.«

Man zeigt Bestürzung, aber man nimmt diese Worte nicht sonderlich tragisch, denn es ist nicht schwer, die zittrige Unterschrift des Kranken nachzuahmen. Und so geht dieser inhaltsschwere Brief an Beate ab.

Ganz unbeschreiblich schön ist die Bergwelt in diesen ersten Septembertagen geworden. Die Blätter der Buchen und Birken färben sich gelb und rot und die Sonne webt, wohin sie fällt, ein Gemisch von goldenen Lichtern und zuckenden Schatten.

Um diese Zeit geschieht es, dass die Harteggerin nochmals auf die Alm geht, bevor die Biggi mit der Herde heimkommt. Diesen Besuch hat sie jedes Jahr am ersten Sonntag im September gemacht und hat auch heuer an dieser Regel festgehalten.

Die Harteggerin kommt auf die Alm so um zehn Uhr vormittags. Sie kommt mit keuchendem Atem an, weil sie über den Schinder gegangen ist, obwohl der Fahrweg weniger steil wäre. Aber das lässt ihr Ehrgeiz nicht zu. Und so hat sie in den ersten zehn Minuten nichts anderes zu tun als sich ordentlich auszuschnaufen und zu fragen, wie es der Tochter gehe.

Die Biggi tischt ihrer Mutter auf, was Keller und Küche nur zu bieten haben. Und unterm Essen fragt die Harteggerin so nebenbei, was es Neues gebe.

Zunächst verrät die Biggi ihr, dass der Höhenthaler-Stefan ernste Absichten habe und deswegen den ganzen Sommer über zu ihr auf die Alm gekommen sei.

»Der Höhenthaler-Stefan?«, fragt die Harteggerin und zieht die Stirn in strenge Falten. »Ist das der, der im vorigen Jahr bei der Viehausstellung mit zwei Stücken prämiiert worden ist?«

Ja, derselbe sei es.

»So, so, der ist es. Wie viel sind denn da Geschwister?«

»Es ist bloß eine Schwester zum auszahlen.«

»Mir ist es ganz recht«, meint die Harteggerin. »Je eher du heiraten kannst, desto besser ist es, denn wenn der andere eine Bäuerin auf den Hof bringt, tut es doch nicht mehr recht gut, mein ich.«

»Den Andreas meinst du?«

»Freilich, gar zu lang wird die Veronika auch nicht mehr warten wollen.«

Eine Weile ist Schweigen. Beide sehen einem Mäusebussard zu, der seine Kreise im blauen Himmel dreht, einmal ganz still steht und dann wie ein Pfeil auf das Almfeld herunterschießt.

»Jetzt wird er die Maus haben«, sagt die Harteggerin trocken.

»Ja – du, Mutter«, fällt es der Biggi ein. »Du redest von der Veronika. Jetzt weiß ich nicht, was da eigentlich dran ist. Aber ich hab jetzt schon ein paar Mal gehört, dass es der Andreas mit der Beate haben soll.«

Der Bäuerin gibt es förmlich einen Riss.

»Du wärst ja nett! Bei der hat nur unser Klemens Aussichten. Da musst du dich schon verhört haben, Biggi.«

»Nein, Mutter, da hab ich mich nicht verhört. Jetzt weiß ich es ganz gewiss. Der Stefan hat die zwei auch schon getroffen im Wald.«

Die Brauen der Harteggerin schieben sich nachdenklich zusammen und das kalte Schweinerne will ihr auf einmal gar nicht mehr recht schmecken. »Wenn das wirklich der Fall wär, dann müsst aber der Vater ein Machtwort reden. Und jetzt glaub ich auch schon bald, dass du Recht hast. Seit ein paar Wochen ist die Beate wie verändert. Sie grübelt so viel vor sich hin und dann singt sie wieder. Da muss ich gleich mit dem Vater reden, wenn ich heimkomm. Das wär ja allerhand, wenn unser guter Klemens da wieder den Kürzeren ziehen müsst! Musst nämlich wissen, Biggi, die Beate kriegt eine Million Mark von daheim. Da könnt der Klemens den anderen auslachen samt seinem Hartegghof. Nein, nein, da muss ich mich wehren mit Händ und Füß für meinen Klemens. Vielleicht geh ich gleich morgen zum Steinleitner nüber und lass mir reinen Wein einschenken. Die müssen es am ersten wissen, denn ich glaub kaum, dass die Veronika da nicht Bescheid weiß.«

»Magst nichts mehr essen, Mutter? Oder magst jetzt ein Schöpperl Wein?«

»Mir ist der Appetit vergangen. So eine falsche Kreatur«, schimpft die Harteggerin. »Und der gute Klemens hat wahrscheinlich gar keine Ahnung. Der Teufel soll mich holen – unser Herrgott verzeih mir die Sünd –, aber der Teufel soll mich holen, wenn sie das nicht schon ihren Leuten heimgeschrieben hat. Vor ein paar Wochen hat sie nämlich einen Brief gekriegt und ist da daraufhin ein paar Tag wie traumhappert umeinander gegangen.«

»Den Brief musst erwischen, Mutter«, sagt die Biggi.

»Ich werd ihn schon erwischen«, ist die Harteggerin sicher. Dann kommt während des ganzen Tages keine rechte Ruhe mehr über sie. So um vier Uhr herum verabschiedet sie sich bereits wieder und macht sich auf den Heimweg. Ihren ursprünglichen Vorsatz, gleich zum Steinleitner zu gehen, gibt sie zwar wieder auf, obwohl sie der Weg ganz nahe an diesem Einödhof vorbeiführt. Sie will die beiden zunächst einmal beobachten und beginnt damit schon während des Abendessens. Ganz scharf gibt sie auf die zwei Acht. Aber die haben sich in der Gewalt. Nicht mit einem Wimpernzucken verraten sie sich und die Bäuerin meint schon, dass alles nur ein dummes Leutgerede sei.

Mitten im Glück hat der Mensch zuweilen ein dumpfes Gefühl, dass plötzlich alles zu Ende sein könnte. Tief unten in seiner Seele wohnt diese Angst, gleich einem Tropfen Wermut, der jedem Becher der Freude beigemengt ist.

So ist es auch Beate ergangen. Da ist der inhaltsschwere Brief von zu Hause gekommen, in dem man ihre sofortige Rückkehr gefordert hat. Natürlich hat sie postwendend darauf geantwortet, dass das nicht in Frage komme, wenigstens nicht in dem geforderten Sinn. Auf ein paar Tage, ja, zu einer vernünftigen Aussprache, wäre sie bereit gewesen heimzukommen. Aber daran hat man kein Interesse gehabt. Entweder – oder, so hat es im zweiten Brief dann geheißen. Und da hat sie eben dieses »Oder« gewählt. Freilich hat sie ein heißer Schreck durchzuckt, als sie gelesen hat, dass sie durch ihr Verhalten nunmehr die Brücke zum Elternhaus restlos abgebrochen und von dort nichts mehr zu erwarten habe. Das Bitterste aber von allem ist, dass die Briefe auch vom Vater unterschrieben sind. Und sie hat doch gehofft gerade bei ihm etwas Verständnis zu finden.

Zunächst will Beate all das Schwere, das nun über sie gekommen ist, für sich allein behalten. Aber sie hat nicht gelernt sich zu verstellen. Nur selten mehr fliegt ein Lachen aus ihrem Mund, um ihre Augen liegen tiefe Schatten.

Es ist klar, dass es Andreas auffällt. Und als sie sich an einem Nachmittag im Flur allein begegnen, raunt er ihr zu, sie solle am Abend am Waldrand droben auf ihn warten.

Es ist gar nicht so leicht, ungesehen aus dem Haus zu kommen, zumal Klemens immer hinter ihr her ist. An diesem Abend aber will es der Zufall, dass der Hartegger den Klemens mit einem Auftrag zu einem der Nachbarn schickt.

Beate braucht nicht lange zu warten. Andreas kommt

ihr bereits auf halbem Weg entgegen. Im Wald verlieren sich ihre Schritte. Es duftet nach Harz und Herbst und der Abglanz des letzten Abendrots liegt über den Wipfeln der Tannen. Und hier erzählt ihm Beate, leidenschaftslos und ohne jede Anklage gegen die Eltern, was man ihr angedroht hat, falls sie ihn nicht verlasse und heimkehre. Und während sie sich alles vom Herzen redet, begreift sie klar und deutlich die sinnlose Verkettung der Dinge.

»So, Andreas, nun weißt du alles und ich nehme es dir gar nicht übel, wenn du sagst, dass ich dir zu wenig bin. Ich habe nichts mehr als das, was ich mir diesen Sommer durch meiner Hände Arbeit verdient habe. Die Entscheidung liegt nun bei dir, Andreas.«

Da schüttelt er den Kopf und ein Lächeln voller Güte ist in seinem Gesicht. »Nicht bei mir, sondern bei dir liegt die Entscheidung. Dir hat man geschrieben, dass du heimkommen sollst.« Er fasst ihre Hände und zieht sie nahe an sich. »Beate, du musst wissen, was du aufgibst. Du musst wissen, ob es sich lohnt, bei mir zu bleiben.«

»Ob es sich lohnt? Andreas, ich liebe dich, das ist alles.«

»Dann ist ja alles recht und gut, Beate. Hast du denn jemals geglaubt, dass mir dein Geld in die Augen gestochen hätt? Da wär es armselig bestellt um meine Liebe zu dir! Jetzt musst du wenigstens wissen, dass ich dich um deiner selbst willen gern hab, Beate.«

»Ja, Andreas, nun weiß ich es.« Sie umschließt sein Gesicht mit zitternden Händen. So vieles will sie sagen in dieser Stunde und kann dann doch nichts tun als sich ausweinen an seinem Herzen.

Plötzlich bekommt sie einen heißen Schreck. »Wenn es nun aber auch deinen Eltern nicht recht wäre, Andreas? So wie man mich enterbt hat, so könnte auch dir dein Vater den Hof verweigern.«

»Mach dir darüber keine Sorgen«, beruhigt er sie. »Verlass dich nur auf mich, ich mach es schon recht. Die Veronika wird sich wohl auch schon abgefunden haben, weil sie mir auf meinen Brief keine Antwort gegeben hat.«

Jetzt kann Beate auch wieder lachen. Von dieser Stunde an ist es wie ein stillschweigendes Übereinkommen zwischen ihnen, dass sie nun ihre Liebe vor niemandem mehr verbergen müssen. Zusammen gehen sie zum Hof zurück. Aber es ist niemand mehr auf, der sie hätte sehen können.

Vor dem Einschlafen überdenkt Beate noch einmal die ganze Situation. Jetzt wundert sie sich eigentlich, dass sie jemals im Ernst geglaubt hat, die in der Stadt drinnen würden ihr Verhalten stillschweigend hinnehmen. Nein, es ist kein anderes Resultat zu erwarten gewesen. Gut, so soll halt das Schicksal seinen Lauf nehmen. Aber niemals will sie vergessen, dass Andreas sie aus der tiefen Bitternis herausgehoben hat. Demütig will sie ihm ihr Leben anvertrauen und dem lieben Gott dankbar sein, dass er ihr diesen verlässlichen Kameraden in den Weg geführt hat.

13

Jetzt, da sie es nicht mehr scheu voreinander verbergen, jetzt kann jeder sehen, wie es um die beiden steht.

Klemens hätte ein ausgemachter Trottel sein müssen, wenn er es nicht gemerkt hätte. Er ist zwar noch nicht vollständig hinter das Geheimnis gekommen, obgleich er den beiden jetzt auf Schritt und Tritt nachspioniert. Brennend frisst die Eifersucht in ihm und sein Gesicht wird schmal in diesen Tagen. Es ist wie eine Krankheit, die ihn zuweilen so schwach macht, dass er sich gar nicht mehr zu einer befreienden Wut aufraffen kann, wenn Beate seinen Annäherungsversuchen geschickt ausweicht. Die Ungewissheit martert ihn und eine dumpfe Angst hockt in seinem Herzen.

Das Merkwürdigste dabei ist, dass es ihm um kein Abenteuer mehr geht. Nein, zum ersten Mal hat ihn eine heftige Leidenschaft für ein Mädchen ergriffen, etwas, das über die Zeit hinaus dauern würde. Das begreift er so richtig, als die Mutter ihm eines Tages sagt: »Also, Klemens, das mit der Beate schlag dir nur wieder aus dem Kopf. Mit der Mitgift ist es nichts. Ich hab einen Brief von ihr erwischt« – sie hat lange genug danach gesucht in Beates Kammer –»und da steht drin, dass sie enterbt worden ist, weil sie nicht heimkommt!«

»So?«, fragt Klemens ohne großes Staunen. »Das ist mir gleich, Mutter. Ich bin in das Madl so stockverliebt, dass ich sie so nehm, wie sie ist.«

»So dumm darfst nicht sein, Klemens. Schlau musst jetzt sein, ganz schlau. Hast noch nicht gemerkt, dass der Anderl hinter ihr her ist?«

»Ich hab noch keinen Beweis, Mutter. Aber wenn ich ihn hab, dann – ich glaub, dann gibt's ein Unglück. Diesmal lass ich mich nicht von ihm auf die Seite drücken.«

»Du wirst doch keine Dummheit machen, Klemens! Wart nur ab, wie alles kommen wird. Es kann vielleicht dein Glück werden, Klemens.«

Klemens begreift nicht ganz, wieso sich das zu seinem Glück auswachsen soll. Es tröstet ihn auch kaum, dass er die Mutter so ganz auf seiner Seite weiß.

Zwei Tage später hat er die endgültige Gewissheit. In einer Stunde zwischen Abend und Nacht sieht er Beate und Andreas eng umschlungen beim Weiher stehen.

Wahrscheinlich hat sie dort auf ihn gewartet, bis er von der Jagd zurückkommt.

Klemens steht hinter einem Baum versteckt. Jedes Wort kann er hören und bei jeder Zärtlichkeit muss er an sich halten, dass er nicht laut aufschreit. Er hätte hinstürzen und zuschlagen mögen, mitten hinein in die Gesichter, die aus der Dunkelheit matt zu ihm herüberleuchten. Und doch hat er nicht den Mut dazu. Aber ein blindwütiger Hass erfasst ihn gegen den Halbbruder.

Nun gehen die beiden an ihm vorüber, so nahe, dass er sie hätte greifen können. Seine Finger krallen sich in die Rinde des Baumes. Nur ein winziger Rest von Vernunft hält ihn davon zurück, in dieser Stunde etwas nie wieder Gutzumachendes zu tun. Zugleich aber weiß er, dass etwas geschehen muss, denn er kann sich nicht ungestraft ausstoßen lassen aus seinem Paradies.

Als er eine Weile später ins Haus geht, hat er ein verstörtes Gesicht. Die Linien von der Nase zum Mund sind wie im Krampf lang gezogen.

Er kann jetzt nicht in die Stube hineingehen, wo er die anderen weiß. Auch an der Küche schleicht er vorüber, in der die Mutter noch hantiert. In den Stall geht er hinaus und wartet. Er weiß, dass Beate noch kommt; sie geht jeden Abend vor dem Schlafengehen noch durch den Stall, weil es zu ihren Obliegenheiten gehört, nachzusehen, ob alle Lichter gelöscht und alle Wasserhähne abgedreht sind.

Ganz im Dunkeln sitzt er, den Kopf in die Hände gestützt. Da, nach etwa zehn Minuten, kreischt schon die schwere Eisentür. Ein Licht flammt auf. Beate betritt den Stall.

Als sie Klemens sitzen sieht, hält sie erschrocken inne. Seine Augen glühen wie im Fieber. Er sieht ihre Angst und sein Mund verzieht sich.

»Was schaust mich denn so an? Hast Angst vor mir?«

»Ja, Klemens. Ich habe Angst. Vor deinen Augen habe ich Angst.«

Er geht langsam auf sie zu. »So, so! Angst vor meinen Augen.« Er lacht trocken und rau. »Früher hast keine Angst gehabt. Und am Weiher vorhin, da hast auch keine Angst gehabt. Weil mein Herr Bruder bei dir gewesen ist.«

Noch näher tritt er auf sie zu. Sein heißer Atem streift ihre Wange. Beate weicht keinen Schritt zurück. Aber als sie jetzt seine Augen so nahe vor sich sieht, rinnt ihr eine kalte Angst durch die Glieder. Das ist lodernder Hass, der aus seinem Blick spricht.

»Die Wahrheit will ich jetzt wissen«, zischt er zwischen den Zähnen. »Hältst du mich zum Narren oder den anderen?«

Beate richtet sich auf. Mit einem Mal ist alle Furcht von ihr abgefallen. »Ich habe dir schon einmal deutlich gesagt, Klemens, dass du dir keine Hoffnungen machen sollst. Und ich glaube kaum, dass ich dir einen Grund gegeben habe, so vor mir zu stehen und so zu fragen. Ich bin dir einmal recht gut gewesen, das mag die Wahrheit sein, und – ich möchte dir auch weiterhin gut bleiben können, Klemens. Aber das liegt an dir. Du darfst nicht solche Augen haben, darfst mich nicht so fragen, denn lieben, Klemens, nein, lieben kann ich dich nie.«

Sein Gesicht verfärbt sich. »Und den andern?«

»Warum fragst du mich um etwas, Klemens, was du doch längst wissen musst?«

Damit wendet sie sich schnell um und rennt ins Haus hinüber.

Klemens steht wie ein Pfahl. Es würgt ihn, ein Gefühl fürchterlicher Enge in der Brust treibt ihn hinaus in die Nacht. Ohne Ziel rennt er dahin wie ein Mensch, der

Angst hat, dass unter seinen Füßen die Erde einbricht. Seine Gedanken sind wie zerstückelt. Nur eines weiß er, dass er jetzt nicht heimgehen darf. Es würde etwas Schreckliches geschehen in dieser Nacht und es würde hernach kein Mensch verstehen können, das es zu viel gewesen wäre, in der gleichen Kammer mit dem Bruder zu schlafen, der ihm das Liebste genommen hat. Wie ein frecher Eindringling hat Andreas in sein Recht hineingegriffen. Jeder Dieb wird strafrechtlich zur Verantwortung gezogen. Aber wenn einer ein Herz stiehlt, soll ihm nichts geschehen? Es darf ihn weiter die Sonne bescheinen und es gibt im Strafgesetzbuch keinen Paragraphen dafür und keinen Richter, der die Sache aufgreift! Und darum wird er selber der Richter sein. Darum wird er selber eine Rache ausüben zu gegebener Stunde.

Der Harteggnof ist zu einem Hexenkessel von Intrigen und Gehässigkeit geworden. Die Biggi hat das Vieh von der Alm heimgebracht und steht selbstverständlich auf Seiten ihres Bruders Klemens und der Mutter.

Nur einer sieht von alldem nichts und das ist der Bauer selber. Die Biggi ist zwar dafür, dass man ihn aufklärt, und sieht die einfachste Lösung eben darin, dass der Vater dieser hergelaufenen jungen Frau kündigt. Aber das ist nicht ganz nach dem Sinn der Harteggerin. Sie hat einen ganz anderen Plan. Und dieser Plan muss reifen. Es ist ihr ganz recht, wenn die beiden so völlig ineinander vernarrt sind, dass keines mehr den anderen verlieren will. Dann wird eines Tages der Hartegger – so weit sie ihn kennt – auch davor nicht zurückscheuen, den Andreas vom Hof zu jagen, wenn er nicht kuscht. Klemens lässt sich von dieser Lösung nicht ungern überzeugen, trägt aber nach wie vor dunkle Rachepläne in seinem verbitterten Herzen.

Die beiden selbst jedoch scheinen nicht zu hören und

zu sehen, was um sie vorgeht. Sie tragen ihre Stirn hoch und gehen selbstvergessen durch die schönen Tage dieses Herbstes, als wäre ihr Herzschlag nur noch ein einziger.

Ein Sonntag steigt herauf, so still und schön, wie man es selten noch erlebt um diese Jahreszeit. Der Hartegger steht um die zweite Nachmittagsstunde fertig angezogen unter der Haustür.

Er ist auf dem Weg zum Steinleitner, der im Wochenblatt einen guten Zuchtstier ausgeschrieben hat. Eigentlich, so denkt der Hartegger, eigentlich hätte ich auch den Anderl hinschicken können, weil er auf der Steinleite besser bewandert ist als ich. Er lacht zufrieden vor sich hin bei dem Gedanken, dass er heute ein günstiges Geschäft machen kann, denn der Steinleitner wird ihm sicher nicht zu viel abverlangen, wenn doch seine Tochter nun bald Harteggerin werden wird.

»Wird keine schlechte Bäuerin werden, die Veronika«, sagt er vor sich hin. »Und zubringen tut sie auch ganz brav. Ist doch gut, wenn man schon frühzeitig solche Sachen abmacht. Wer weiß, wo der Andreas sonst hintappen tät. Nein, nein, es ist immer besser, wenn die Alten die richtige Wahl treffen.«

Er schaut auf seinen Hof zurück, der sonnenbeschienen und behäbig schon ein gutes Stück unter ihm liegt. »Ist ein verteufelt schönes Sach«, nickt er zufrieden vor sich hin. »Eigentlich noch verdammt früh, schon in den Austrag zu gehen, wo doch mein Vater noch lebt. Ja, ja, ist eine gesunde Rass', die Hartegger'sche.«

Hell und klar hängt der Himmel über dem Land. Marienfäden schwimmen durch die Luft und man könnte meinen, dass es ein Frühlingstag wäre, wären die Wiesen nicht so rotbraun gefärbt und stünden die Bäume nicht schon fast ohne Laub in der erstaunlich klaren Luft. Ein Gefühl satter Zufriedenheit überkommt den Hartegger und er beginnt im Weitergehen leise vor sich hin zu pfeifen.

Über eine letzte Graskuppe geht es noch aufwärts, dann sieht er den Steinleitnerhof bereits vor sich liegen. Der Hofhund bellt, als der Hartegger auf das Haus zukommt. Aber merkwürdigerweise lässt sich niemand sehen. Und er hat doch gemeint, gerade vorhin noch die Veronika vor dem Tor gesehen zu haben. Nun, der Hartegger weiß hier auch so Bescheid und geht geradewegs in die Stube.

Der Steinleitner, groß und hager, liegt in der Stube auf dem Sofa. Eine Katze liegt schnurrend zwischen seinen Knien. Die Zeitung liegt auf dem Boden.

Der Hartegger räuspert sich, und als sich der Schlafende noch nicht rührt, kitzelt er ihn mit seinem Stecken unter der Achsel. Das hilft. Der Steinleitner rumpelt in die Höhe, dass es den Kater rücklings über das Sofa wirft. Dann reibt er sich die Augen.

»Hast du einen Schlaf beinander!«, lacht der Hartegger. »Grüß dich, Kari.«

»Grüß dich«, antwortet der andere kurz angebunden.

»Wegen dem Stier wär ich da, den du ausgeschrieben hast«, sagt der Hartegger.

»Ach so. Wegen dem Stier«, meint der andere und gähnt. »Gehen wir halt in den Stall.« Der Steinleitner schlüpft in seine Pantoffeln und geht dem Besucher voran.

»Bist schlafgrantig?«, fragt der Hartegger, dem die Wortkargheit des anderen allmählich auffällt. Er ist heute so aufgeschlossen und der Karl benimmt sich wie ein Stummer, obwohl er sonst ein guter Unterhalter ist.

Mittlerweile sind sie durch den Futtergang an den Stand des Bullen gekommen. Der Hartegger stellt sofort eine fachmännische Musterung an, klopft auf die Schenkel und krault den Stier zwischen den Hörnern.

»Was verlangst dafür?«, fragt er nach einer Weile.

»Dreitausend!«

»Wie viel?«

»Dreitausend!«

»Du bist nicht recht bei Trost, Kari!«

»Ist er das vielleicht nicht wert? Ein Stier erster Klasse und gut beinander. Was tätst denn du verlangen?«

»Bei einem Fremden tät ich auch so viel verlangen. Aber bei dir, da tät ich mich der Sünden fürchten, wenn ich so viel verlangen tät.«

»Warum denn das?«

Der Hartegger schaut den anderen überrascht an. »Ich weiß gar nicht, wie du heut daherredest. Also, kurz und gut, der Stier gefällt mir. Aber einen andern Preis musst machen für mich, wenn wir doch bald in verwandtschaftliche Beziehungen kommen miteinander.«

Der Steinleitner nimmt eine Gabel und richtet die Streu. »Wir zwei? In verwandtschaftliche Beziehungen? Da ist mir nichts bekannt.«

Verblüfft tritt der Hartegger einen Schritt zurück. »Geh, Kari, was hast denn Narrisches. Mein Anderl heiratet deine Veronika und …«

»So haben wir zwei es uns versprochen einmal«, unterbricht ihn der Steinleitner. »Und wenn ich das gewusst hätt, dass dir dein Wort nichts gilt, dass es nicht mehr wert ist wie ein Pappenstiel, dann hätt ich meine Veronika leicht woanders unterbringen können. Sie hätt dann nicht ihre schönsten Jahr' verwarten brauchen.«

Der Hartegger stampft ärgerlich mit seinem Stock auf den Boden. »Verwarten? Woanders unterbringen? Was redest überhaupt für einen Blödsinn z'samm? Wie kannst du sagen, dass ich nicht zu meinem Wort steh?«

»Das sag ich dir noch hundertmal, wenn du es hören willst.«

»Das musst du mir beweisen.«

»Das kann ich dir auch beweisen. Schriftlich sogar. Geh nur gleich mit.«

Aufs Höchste gespannt folgt der Hartegger dem Steinleitner ins Haus. Der Bauer ruft ein paar Mal die Stiege hinauf nach seiner Tochter. Aber sie gibt keine Antwort. Auch die Bäuerin ist nirgends zu sehen. Schließlich geht der Steinleitner selber die Stiege hinauf und kommt nach einer Weile mit einem Brief in der Hand zurück.

In der Stube drinnen wirft er das Schriftstück auf den Tisch und sagt: »Da lies nur selber, was dein Herr Sohn schreibt.«

Hastig faltet der Hartegger das Schreiben auseinander, liest zunächst flüchtig und zieht dann hart die Brauen zusammen.

»... was unsere Väter vor vielen Jahren ausgemacht haben, kann keine Gültigkeit haben, Veronika. Sie haben uns verhandelt, ob es uns recht war oder nicht. Vielleicht war das alles für die beiden nicht mehr als eine lustige Angelegenheit im Rausch – So eine Frechheit«, unterbricht sich der Hartegger.

Dann liest er weiter: »Jedenfalls darf es für uns zwei nicht bindend sein und ich schlage dir vor, dass wir ohne Groll und Zorn auseinander gehen. Ich habe jetzt gemerkt, dass mein Herz nie ganz bei der Sache war, dass es immer gewartet hat auf etwas anderes. Und das andere ist jetzt gekommen und ich weiß jetzt erst, wie das richtige Glück aussieht.«

Der Hartegger steckt das Schreiben in die Tasche und schiebt den Hut zurück. »Und wo steht da geschrieben, dass ich mein Wort gebrochen hätte?«, fragt er von oben herab.

»Genügt dir nicht, was dein Bub schreibt?«

»Nein, das genügt mir nicht. Und du wirst sehen, dass ich mein Wort halte, so wahr ich der Hartegger bin.«

Die Türklinke schon in der Hand, dreht er sich nochmals um. »Weißt du zufällig vielleicht, in wen mein Anderl sich vergafft hat?«

Der Steinleitner lächelt spöttisch mit schmalen Lippen. »Tu doch nicht so scheinheilig, Hartegger! Brauchst ja bloß im eigenen Haus die Augen ein bissel offen halten.«

»Wie meinst denn das?«

»Im eigenen Haus, jawohl. Die Erntehelferin, die du dir im Frühjahr aus der Stadt geholt hast. Gelt, jetzt verschlägt es dir die Stimme?«

»Soviel ich weiß, ist da der Klemens Hahn im Korb.«

»Den Brief hat aber nicht der Klemens, sondern der Anderl geschrieben.«

Der Hartegger presst die Lippen fest zusammen. Dann langt er plötzlich in die Jacke und zieht die Brieftasche heraus.

»Da sind fünfhundert Mark Anzahlung auf den Stier. Wenn ich mein Wort nicht wahr mach und deine Veronika nicht vor Weihnachten noch Bäuerin auf dem Harteggerhof ist, kannst deinen Stier behalten und die fünfhundert Mark auch. Bis spätestens morgen Abend muss es sich entschieden haben. Und jetzt pfüat dich!«

Er rennt heim, sieht nichts mehr von dem schönen Tag und spürt nicht mehr die Wärme der Sonne in seinem Nacken. Halblaut redet er vor sich hin. Sein Gesicht ist gerötet vom raschen Gehen und auf seinen Schläfen sind die Adern so dick wie ein Strick.

Droben im Bergwald fällt ein Schuss. Der Bauer wendet flüchtig den Kopf. Aus der Turachschlucht steigt feiner Pulverdampf in die Höhe und das Echo des Schusses bricht sich hundertfach in den Wänden.

Auf der Höhe angekommen, sieht er drunten seinen Hof liegen. Hinten beim Weiher sieht er Hand in Hand ein Paar sitzen. Seine Augen kneifen sich schmal zusammen. Dann erkennt er, dass es die Biggi ist. Den Burschen an ihrer Seite kennt er nicht. Er hat im Augenblick auch gar keine Lust ihn kennen zu lernen und macht lieber einen Umweg zum Hof. Sein einziger Wunsch ist jetzt nur, den Anderl daheim anzutreffen.

Im Flur wirft er Stock und Hut auf den Tisch und ruft in den Gang hinein: »Barbara!«

Die Bäuerin, in diesen Tagen wieder arg von der Gicht geplagt, kommt humpelnd aus der Küche. »Was schreist denn so?«

»Was ist das für einer, der bei der Biggi hint hockt?«

»Jessas, sei doch nicht so aufgeregt. Es ist ein ganz ehrenwerter Bursche, der Höhenthaler-Stefan. Haben fünfundfünfzig Stück Vieh im Stall und hat bloß eine Schwester zum auszahlen.«

»So, so. Das interessiert mich aber im Augenblick gar nicht. Wo ist der Anderl?«

»Auf die Jagd ist er fort.«

Der Hartegger vergräbt beide Daumen in seinen Westentaschen und fixiert seine Bäuerin mit schmalen Augen. »Ist das richtig, dass unser Anderl mit der Beate was hat?«

Die Harteggerin gibt sich einen Ruck. Jetzt heißt es vorsichtig sein. »Ich hab mir denkt, du weißt es schon und –«

»Nichts weiß ich, einen Dreck weiß ich«, unterbricht er sie schreiend. »Wenn ich was wüsste, dann bräucht ich dich nicht erst fragen. Ja, hast den du keine Augen im Kopf gehabt? Oder weißt du nicht, dass ich schon lang für den Anderl die Steinleitner-Veronika bestimmt hab?«

Die Bäuerin hat durchaus keine Lust sich so abkanzeln zu lassen. »Ich kann nicht die ganze Zeit hinter dem Anderl herlaufen. Ich weiß bloß so viel, dass es mit der Million Mark auch nichts ist. Ihre Leut haben sie enterbt, weil sie unseren Anderl heiraten will.«

»Schnecken und Buttersoß! Ich hätte das nie zugegeben, auch mit fünf Millionen Mark nicht, weil da eine reingehört, die was versteht von der Bauernwirtschaft. Und ich hab es heut dem Steinleitner wieder versprochen, dass keine andere reinkommt als seine Veronika. Ich will grad sehen, ob mein Wort nichts mehr gilt!«

»Das mach nur du mit ihm aus. Ich misch mich da nicht rein, sonst heißt es gleich wieder, ich hack auf ihm rum, weil ich die Stiefmutter bin.«

»Red keinen solchen Schmarrn daher!«

»Und du sollst dich nicht so aufregen, Vater. Setz dich in die Stube hinein. Ich richt dir deine Brotzeit her und dann reden wir ganz vernünftig miteinander.«

»Mir ist der Appetit vergangen«, sagt er und greift nach Hut und Stock. »Jetzt geh ich runter ins Dorf. Vielleicht vergeht mir mein Ärger ein bissel. Und die Beate, die kriegt morgen ihren Laufpass.«

Als er durch den Obstgarten hinuntergeht, sieht er, dass die Sonne von grauen Nebelwolken eingesponnen wird. Das ist ein verlässliches Zeichen dafür, dass es bald Regen geben wird.

14

Seit Stunden hockt der Klemens in der Turachschlucht. Hier muss der Bruder auf dem Rückweg vorbeikommen und hier soll sich seine Rache erfüllen. Er hat Zeit genug, noch einmal alles zu überdenken. Auf ihn würde kein

Verdacht fallen, aber der Weg zu Beate wird dann frei für ihn. In seiner blinden Eifersucht ist er sich gar nicht recht bewusst, was er eigentlich beginnen will.

Träge schleichen die Stunden dahin. Da – mit einem Mal hört er Schritte auf dem Steig. Hastig duckt sich Klemens hinter die mächtigen Wurzeln eines Baumes. Sein Herz schlägt laut.

Andreas erscheint um eine Wegbiegung, die Büchse auf dem Rücken. Sein Schritt ist jetzt kaum mehr zu hören bei dem Rauschen des Wassers, das hier an die fünf Meter tief in die Schlucht stürzt.

Langsam hebt Klemens seine Büchse, spannt den Hahn und presst den Schaft an die Wange. Sein Finger krümmt sich um den Bügel. Jetzt hat er den schmalen Kopf des Bruders im Visier. In seinem bleichen Gesicht spannt sich jeder Zug. Er presst die Lippen aufeinander und drückt sein linkes Auge zu.

Ich muss es tun, schreit etwas in ihm.

Sein Finger krümmt sich weiter. Der Druckpunkt ist erreicht.

Da raschelt es in der Höhe. Mit schnalzendem Laut schnellt ein Tannenzapfen herunter. Klemens erschrickt bis ins Herz hinein. Der Schuss kracht …

Er sieht den Bruder taumeln und rast in wilden Sprüngen den steilen Hang hinunter. Mit keuchenden Lungen kommt er daheim an, gelangt ungesehen in die Tenne, in seine Kammer und sitzt dann mit brennenden Augen am Fenster.

Er ist der Meinung, dass seine Kugel sicher und gut getroffen habe. Erst jetzt überdenkt er die Folgen und es kriecht ihm ganz kalt über den Rücken, weil er meint, dass er seine Spur nicht sorgfältig genug verwischt habe und man sie entdecken und verfolgen könnte.

Plötzlich weiten sich seine Augen wie im Schreck.

Aus dem Wald drüben kommt der Anderl heraus. Mit ruhigen Schritten kommt er den Hang herunter, bleibt einmal stehen und schaut nach dem Gewölk aus, das sich von Westen immer grauer heraufschiebt. Klemens gerät in eine fieberhafte Erregung. Er weiß nicht, soll er sich freuen den Bruder so unversehrt heimkommen zu sehen, oder wäre es ihm lieber, wenn seine Kugel besser getroffen hätte.

Langsam kommt Andreas auf das Haus zu, gerade als die ersten Tropfen fallen.

Klemens reißt sich zusammen und bemüht sich, seiner Stimme einen ruhigen Klang zu geben, als er vom Fenster herunter fragt: »Hast was geschossen?«

Andreas blickt auf. Durchdringend sieht er den Klemens an. Dann schüttelt er langsam den Kopf. »Bist du nicht auch im Wald gewesen?«

»Ich?«, tut Klemens erstaunt. »Wie fällt dir denn so was ein! Geschlafen hab ich den ganzen Nachmittag.«

Klemens zieht es aber doch vor, dem Bruder nicht zu begegnen, und geht aus der Kammer, als er Andreas die Stiege heraufkommen hört.

Geschlafen?, denkt Andreas und schaut sich in der Kammer um. Das Bett ist aber nicht zerwühlt, sondern sauber gemacht. Mit einem Schritt ist er am Schrank und öffnet ihn, Klemens' Doppelbüchse lehnt in der Ecke. Andreas nimmt sie heraus und sieht durch die Läufe. Und da kann man genau erkennen, dass ein Schuss abgegeben worden ist. Wahrscheinlich hat Klemens in seiner Aufregung vergessen den Lauf zu reinigen.

Es ist nicht Zorn, was ihn jetzt überfällt, sondern nur eine große, schwere Traurigkeit, die er erst abschüttelt, als zum Essen gerufen wird.

Während des Abendessens geht es heute recht schweigsam zu. Beate bringt kaum einen Bissen hinunter, denn sie hat mitbekommen, dass der Bauer wütend vom Steinleitnerhof zurückgekommen ist und mit der Bäuerin einen scharfen Wortwechsel gehabt hat. Die Bäuerin sitzt mit steinernem Gesicht da und die Biggi streift Beate zuweilen mit einem unversöhnlichen Blick. Niemand hat zu ihr gesprochen, aber sie fühlt es instinktiv, dass sie im Mittelpunkt dieses Schweigens steht.

Da meint Andreas in die Stille hinein: »In der Turachschlucht hat heute einer auf mich geschossen.«

Klemens wechselt die Farbe. Beates Blick geht zwischen den Brüdern hin und her.

Die Bäuerin sagt heftig erschrocken: »Und das sagst du so gelassen, als wenn's gar nichts wär?«

»Warum soll ich mich aufregen dabei? Es ist schlecht gezielt worden. Das allein ist der Grund, dass ich jetzt noch da sitz. Und in Zukunft geb ich halt besser Obacht. Kein Aug vom Weg fortwenden, dass ich nichts übersehe. Man kann ja nicht wissen, ob es der Lump nicht noch einmal probiert, nachdem er heut so schlecht gezielt hat. Oder – ich leg mich am Sonntagnachmittag ins Bett wie der Klemens, dann kann mir nichts passieren.«

Dem Klemens steht der Schweiß auf der Stirn. Nur mit Anstrengung kann er sich zusammenreißen und sagen: »Der Vater hat auch kürzlich gesagt, dass sich wieder ein Wilderer im Revier rumtreiben muss.«

Am Ofentisch hinten räuspert sich der Großvater, als ob er etwas sagen wollte. Hat er doch den Klemens am Abend in wilder Hast aus dem Wald kommen sehen. Und er ist durchaus bereit, durch seine Bobachtung Licht hineinzubringen in das Dunkel.

Aber im selben Augenblick geht die Haustüre. Ein fester Schritt im Flur, die Stubentüre wird geöffnet. Der

Hartegger steht auf der Schwelle. Wasser tropft von seinem Hut, als er sich etwas vorneigt.

»Regnet's jetzt so stark?«, fragt die Bäuerin.

Der Hartegger überhört diese Frage, deutet nur mit seinem Stecken auf Andreas und sagt: »Wenn du gegessen hast, dann kommst zu mir in die gute Stube. Mit dir hab ich was zu reden.«

Alle wissen es plötzlich, um was es sich handelt, und aller Blicke hängen an Andreas und Beate. Nur der Klemens schaut nicht auf.

Andreas legt den Löffel weg und steht auf. Mit angstvollen Blicken sieht Beate ihn an. Aufleuchtend geht sein Blick über sie hin, als möchte er sagen: Brauchst keine Angst zu haben, es wird schon alles recht.

Drüben in der anderen Stube steht der Vater am Fenster. Er hat die Jacke bereits ausgezogen. Man hört das Wehen des Windes herein, Regen rinnt über die Fensterscheiben. Andreas drückt die Türe hinter sich zu.

Langsam wendet sich der Hartegger um, zieht den Brief aus seiner Tasche und legt ihn vor Andreas hin auf den Tisch. »Kennst du das Geschmiere da?«

Andreas greift danach und erkennt sofort seine Schrift. Ohne zu lesen legt er den Brief wieder auf den Tisch zurück. »Wie kommst du zu dem Brief? Ich hab ihn der Veronika geschrieben«, sagt er ruhig.

Der Bauer neigt den Kopf etwas zur Seite und sieht den Sohn von unten herauf an. »Vielleicht hat die Veronika ihn mir selber gegeben. Ich hoff, dass du einsiehst, dass du da eine Dummheit gemacht hast.«

Andreas' Stirn färbt sich dunkelrot. Er kann nichts sagen, so erregt ist er. Er schüttelt nur stumm den Kopf.

»Du weißt doch, dass ich mit dem Steinleitner schon vor Jahren ausgemacht hab, dass seine Veronika Harteggerin werden soll?«, fragt der Hartegger.

»Was ihr da beschlossen habt, Vater, schaut wie ein Kuhhandel aus und ich kann mich nicht dran halten.«

»Jetzt auf einmal nicht mehr? Die ganzen Jahr' her hab ich nichts davon gehört, dass es dir nicht recht wär.«

»Ich sprech der Veronika gar nichts ab. Aber ich hab halt erkannt, dass sie nicht die Richtige für mich ist. Und deswegen hab ich ihr geschrieben. Dass sie sich jetzt, nach fast vier Wochen, hinter dich steckt, das hab ich eigentlich nicht von ihr erwartet.«

»Was du dir erwartet hast, interessiert mich nicht. Was für eine wär dann für dich die Richtige, wenn ich fragen darf?«

»Ich seh es dir an, Vater, da du es schon weißt.«

»Ich will es aber von dir selber wissen, was du für eine Dummheit zu machen im Sinn hast.«

Andreas streckt sich in den Schultern und lächelt. »Nenn du es ruhig Dummheit, Vater, was mir mein Leben wertvoll gemacht hat. Aber zu ändern ist daran gar nichts. Ich hab die Beate gern und will sie zu meiner Bäuerin machen.«

»Und sonst bist gesund?«, fragt der Hartegger mit dunkelrotem Gesicht. »Bildest du dir vielleicht ein, dass ich das jemals zugeb? Da kennst du mich aber schlecht. Ich hab heut dem Steinleitner aufs Neue mein Wort gegeben und ich will nicht hoffen, dass du mich zwingst es nicht zu halten.«

»So ein Wort über mich hinweg kann keine Gültigkeit haben, Vater!

»So, meinst du? Das wirst ja sehn. Zunächst muss das Weibsbild aus dem Haus.«

»Wenn die Beate aus dem Haus muss, dann geh ich mit.«

Erstaunt reißt der Bauer die Augen auf. Das hat er

nicht erwartet. »Mitgehen? Du willst mit ihr mitgehn? Du spinnst ja.«

»Das sagt man immer, wenn einer was tun will, was dem andern nicht passt. Auf so eine Art lass ich mich überhaupt nicht behandeln.«

Der Hartegger lacht zornig heraus. »Rücksicht will er auch noch verlangen! Du bist ja ein ganz Feiner geworden. Ist dir am End die Million in den Kopf gestiegen? Da bliebt dir aber der Schnabel sauber! Nichts kriegt sie, gar nichts kriegt sie, wenn sie dich heiratet. Ihre Leut haben in bissel mehr Verstand wie mein Herr Sohn. Lass dir im Guten sagen, Anderl, ich kenn keinen Spaß in den Sachen. Wenn du einmal draußen bist aus dem Haus, reinkommen tust mir dann nimmer.«

»Soll das heißen, dass du mich vom Hof jagst?«

»Ich glaub, ich hab deutlich genug geredet. Du kannst es dir ja noch überlegen bis morgen.«

Andreas wechselt die Farbe. Um seine Mundwinkel zuckt es. »Da brauchen wir gar nicht bis morgen warten, Vater, denn ich kann dir morgen keine andere Antwort geben wie jetzt. So schwer es mir fällt, wenn ich auf den Hof verzichten müsst, aber noch schwerer würde es mir fallen, wenn ich von dem Mädl lassen sollt. Ich glaube auch gar nicht, Vater, dass das schon dein letztes Wort ist.«

»Verlass dich drauf, es ist mein letztes.«

»Gut – dann kann ich ja gehen.«

Langsam wendet Andreas sich zur Türe. Der Hartegger dreht sich um und tritt ans Fenster. Draußen rauscht der Regen und ein bösartiger Wind pfeift um das Haus.

Andreas wartet an der Tür noch ein wenig, in der Hoffnung, der Vater könnte noch etwas Einlenkendes sagen. Aber der denkt gar nicht daran. Er steht mit etwas vorgeneigtem Kopf am Fenster und trommelt mit den Fingern der rechten Hand an die Scheibe. Da öffnet Andreas die

Türe. Draußen taumeln ein paar Gestalten zurück. Mit einem harten Auflachen geht Andreas am Klemens und der Biggi vorüber.

»Ach so, ihr habt horchen müssen? Hast auch gut aufgepasst, Klemens? Kann sein, dass du jetzt den Hof kriegst!«

Keine Antwort. Andreas springt über die Stiegen hinauf und sucht Beate auf, die in ihrer Kammer sitzt, von einem harten Schluchzen geschüttelt. Einen Augenblick ist er nahe daran, allen Mut zu verlieren. Er befindet sich in einem inneren Wirrwarr, in dem er sich nicht zurechtfindet, in den er angesichts des weinenden Mädchens immer tiefer hineingeraten will.

Mit zusammengepressten Lippen steht er da und sieht auf ihren gesenkten Scheitel nieder. Ich habe ihr Leben zerstört, denkt er erschüttert. Ich hätte sie nie hereinziehen sollen in meine Welt, denn sie kommt aus einer ganz anderen und eine Grenze wird wohl immer da sein zwischen den zwei Welten. Seine Hand streicht über ihr Haar.

»Warum weinst du denn eigentlich?«

Zögernd hebt sie das tränennasse Gesicht zu ihm auf. »Ach Andreas, wie kannst du denn fragen? Ich habe alles gehört. Ihr habt ja laut genug gesprochen!«

Andreas antwortet nicht. Beate nimmt seine streichelnde Hand und legt ihre Wange drauf. Beide fühlen sie, dass diese Stunde von schicksalhafter Bedeutung ist für ihr ganzes Leben. Sie ist aber auch ausgefüllt von der Macht des Willens, einander nicht zu verlieren.

Und doch ist Beate bereit ihn hinzugeben und ihr Glück zu opfern. Dieser Entschluss wird immer stärker in ihr und plötzlich hebt sie den Kopf und schaut ihn an.

»Lass uns einmal ganz vernünftig reden, Andreas. Schau, was du um meinetwillen aufzugeben bereit bist, das ist mehr, als ich dir jemals mit all meiner Liebe zurückgeben kann. Es ist zu viel, und – ich darf es nicht verlangen von dir. Ich weiß doch, wie dein Herz am Harteggerhof hängt und …«

»Sei still«, unterbricht er sie. »Und komm mir nicht wieder mit solchen Reden! Hast du meinetwegen nichts aufgegeben? Mehr vielleicht, als ich verliere. Also nie mehr so ein Wort, Beate.« Sein Gesicht wird wieder knabenhaft jung, er streckt seine Gestalt. »Bleib ruhig da jetzt, bis ich wiederkomm«, sagt er und eilt zur Tür. »Ich bin bald wieder da.«

»Ja, ja«, sagt Beate gehorsam und atmet wie von einer Zentnerlast befreit auf, als sich die Türe hinter ihm geschlossen hat. Du guter Mensch, denkt sie. Du weißt ja gar nicht, was du alles aufgeben willst. Ich kann und darf ein so großes Opfer von dir nicht verlangen. Was kommt es denn dabei auf mich an? Ich werde gehen und – irgendwo anders auftauchen, als – arme Hilfskraft …

Mit einem Sprung ist sie jetzt beim Schrank, nimmt die beiden Koffer herunter und packt in fieberhafter Hast ihre Sachen hinein. Bis er wieder zurückkommt, darf ich nicht mehr hier sein, denkt sie. Ich darf ihn nie wieder sehen. An mich will ich jetzt gar nicht denken. Nur an ihn, und wie es ihm leicht gemacht werden kann, mich zu vergessen. Ich werde ihm schreiben, wenn ich selber erst ruhiger geworden bin, hasten ihre Gedanken verzweifelt. Vielleicht werde ich sogar zu einer Lüge greifen um ihm das Vergessen leichter zu machen …

Das letzte Kleidungsstück wandert in den Koffer. Sie klappt ihn zu, schlüpft in den Mantel und tritt horchend vor die Tür. Ganz ruhig ist es im Haus. Nur von unten herauf hört man ein verworrenes Gemurmel. Leise schleicht sie mit ihren Koffern über den dunklen Flur, öffnet die schwere Eisentür zur Tenne hinüber und steht ein paar Minuten später im Freien.

Der Wind springt sie heftig an und der Regen schlägt ihr hart ins Gesicht.

Wenn ich nur erst unten im Dorf wär, denkt sie ängstlich und bleibt im gleichen Augenblick erschrocken stehen. Im Zuhäusl ist eine Tür gegangen. Heller Lichtschein flutet heraus auf den Hof. Andreas kommt aus der Tür und schlägt sie wieder hinter sich zu.

In der Dunkelheit rennt er nahe an ihr vorbei ins Haus.

Nun eilt sie auf dem Weg weiter, der zum Dorf führt. Langsam genug geht es mit den zwei schweren Koffern. Nur einmal bleibt sie stehen und schaut zurück. Aus der rauschenden Wand des Regens heraus schimmern freundlich die Lichter des Hofes und auch die des Zuhäusls.

»Leb wohl, du guter grundgütiger Alter mit deinem weißen Haar«, sagt sie leise. »Ach du leb wohl, geliebter Andreas.«

Da kommt ein Ruf durch die Nacht. Ihr Name ist es. Und seine Stimme ist es, die sie ruft. Angst ist in dieser Stimme, eine große, schreckliche Angst. Das ist genau herauszuhören. Und immer wieder schreit er ihren Namen in die Nacht.

Kommt es nicht näher, dieses Rufen? Ahnt er, dass sie vorhat ins Dorf zu kommen?

Schritte sind jetzt zu hören. Beate beginnt zu laufen, aber es hat keinen Zweck mehr. Andreas hat sie wahrscheinlich schon gesehen und ist hinter ihr her. Im nächsten Augenblick fühlt sie schon ihr Handgelenk umklammert. Er steht vor ihr. Im Dunkel siehts sie, dass seine Augen böse sind.

»Was soll das heißen?«, schreit er. »Willst du davonlaufen?«

Sie gibt sich geschlagen. Es gibt kein Entrinnen mehr. »Ja, Andreas, ich wollte fortgehen – deinetwegen.«

Er nimmt ihr den einen Koffer aus der Hand, ohne sie loszulassen. »Beate, das darfst du mir nicht antun. Ich müsst sonst glauben, dass alles Lüge gewesen ist.«

»Nein, Andreas, du sollst nie glauben, dass ich dich belogen habe. Gott allein weiß, wie lieb ich dich habe. Aber wir dürfen jetzt nicht mehr träumen«, fügt sie hart hinzu.

»Was heißt träumen?«, fragt er erregt. »Ich weiß, was ich will. Und jetzt komm mit. Du bleibst derweil beim Großvater, bis alles entschieden ist.«

Nun gibt sie es auf. Willenlos schreitet sie neben ihm her. Sie hätte ihm sagen mögen: Du weißt ja gar nicht, was du dir antun willst, du lieber, anständiger, braver Kerl. Willst mich als Klotz an dich binden und unglücklich werden. Was bin ich denn? Eine armes Mädchen ohne Geld, weiter nichts. Vielleicht ist es bei dir jetzt auch mehr Trotz als Liebe. Das kann man bei solcher Situation oft nicht mehr unterscheiden. Wenn du erleben musst, wie der schöne Harteggerhof auf den Klemens übergeht, dann erst wirst du zur Besinnung kommen und alles wird untergehen, unsere große, herrliche Liebe …

Solche Gedanken hat Beate, als sie neben ihm bergwärts geht. Sie möchte weinen, aber sie getraut sich nicht, weil sie meint, dass er sowieso schon böse ist.

Das ist er aber gar nicht. Nein, als sie ins Zuhäusl gehen, stößt er mit dem Fuß die Türe hinter sich zu, stellt die Koffer nieder und nimmt sie in seine Arme, mit einer Zärtlichkeit, die größer und tiefer ist als je zuvor.

Beate schließt die Augen. Ein Gefühl unendlichen Geborgenseins senkt sich über sie und sie fühlt es kaum, dass er sie auf seinen Armen hinaufträgt in das kleine Stübchen des Großvaters.

Dort sitzt dieser gütige alte Mann mit seinem weißen Haar und lächelt still vor sich hin.

»Davonlaufen hat sie wollen«, erklärt ihm Andreas.

»Davonlaufen? Hoh! Warum denn?«

Nun muss Beate unwillkürlich lächeln. Sie streicht sich das nasse Haar aus der Stirn und legt den triefnassen Mantel ab.

»Du wirst es aushalten können bei mir da«, nimmt der Alte wieder das Wort. »Drüben im Stüberl steht ein gutes Bett. Da schlafst jetzt, und morgen, beim Tag, da schaut sich dann alles ganz anders an.«

Damit steht er auf und führt Beate hinüber. »Sei doch nicht so dumm, Dirndl«, flüstert er ihr zu. »Alles wird wieder recht. Verlass dich nur auf den Andreas und vielleicht auch ein bissel auf mich.«

»Ja, Großvater, ich will alles hinnehmen, wie es kommt«, antwortet Beate und reicht ihm die Hand.

»Na also! Und jetzt schlaf gut. Der Anderl und ich haben drüben noch was auszudischkurieren.«

Beate kann aber lang keinen Schlaf finden. Von der Stube drüben hört man die gedämpften Stimmen der beiden Männer, die so tröstend klingen und Beate mit einer Welle von Zuversicht erfüllen.

Ach, wer ist nicht schon irgendwann einmal in einem grauenhaften Dunkel gestanden und hat geglaubt, nie wieder werde er einen Frühling und Rosen sehen! Aber die Zeit geht immer wieder tröstend und aufrichtend über alles Geschehen hinweg, und – immer wieder wird es Frühling und blühen die Rosen.

Mit diesem Gedanken schläft Beate so ruhig ein wie ein Kind.

15

Der Mensch braucht mitunter solche Schicksalsschläge, wie sie Andreas und Beate haben erleben müssen. In ihrem Leben ist bis vor kurzem alles noch in schöner Ordnung abgelaufen. Sie haben das Geheimnis ihrer Liebe durch den Sommer getragen und sich keine großen Sorgen um die Zukunft gemacht. Es hat erst dieser Schlag kommen müssen. Und dieser Griff des Schicksals weckt nun alle Kräfte in ihnen. Ihr Wille wächst und wird fest und am Morgen nach dieser Regennacht sieht alles schon nicht mehr so dunkel aus.

Beate weiß nicht recht, was die beiden Männer in der Nacht noch beschlossen haben. Sie erfährt nur jetzt so einzelne Fetzen dieses Gespräches, zum Beispiel, dass der Großvater immer noch im Besitz eines größeren Waldstückes ist, das er damals mit dem Hof nicht übergeben hat. Der Holzpreis stünde derzeit äußerst günstig. Obwohl der Großvater in diesem Wald seit Jahren keinen einzigen Baum hat fällen lassen, jetzt ist er sofort dazu bereit. »Mitnehmen ins Grab kann ich's ja doch nicht«, sagt er.

Zunächst aber beschließen alle drei, dass Andreas nochmals eine Aussprache mit seinem Vater herbeiführen soll. Und so geht Andreas um acht Uhr früh zum Hof hinüber. Die Bäuerin weicht ihm aus und hat es plötzlich furchtbar eilig mit ihrer Arbeit in der Küche, als er sie nach dem Vater fragt.

»Wird schon vorn sein in der Stube«, sagt sie mürrisch.

Der Hartegger ist auch wirklich in der Stube und richtet gerade die Arbeitspapiere der Beate Weinherr zusammen. Oh, es kommt ihm auf ein Zeugnis, dass sie treu und redlich einen Sommer lang bei ihm gedient habe, durchaus nicht an, zumal die Person so anständig gewesen ist selber die Konsequenzen zu ziehen und bei Nacht und Regen den Hof verlassen hat.

Der Hartegger ist deshalb recht gut aufgelegt und zeigt seinem Sohn sogar ein freundliches Gesicht. Hofft er doch insgeheim, dass dieser es sich über Nacht anders überlegt habe.

»Ich bin gekommen, Vater«, beginnt Andreas, »um nochmals mit dir in aller Güte über die Sache zu reden.«

»In aller Güte? Brav, brav! Setz dich nur, Anderl. Ist mir auch lieber, wenn wir uns einigen können.«

»Es würde mich freuen, Vater, wenn du einsehen könntest, dass ich von dem Mädel nicht lassen will und nicht lassen kann.«

Erschrocken blickt der Bauer auf. »Was heißt da nicht will und nicht kann? Sie ist doch in der Nacht fort, soviel man mir erzählt hat.«

»Ja, sie ist fort. Aber das ändert an der Sache nichts, Vater. Ich weiß schon, wo sie ist.«

»Ach, so läuft der Has? Was gibt es dann zwischen uns noch auszureden, möchte ich wissen.«

»Es hätte immerhin sein können, Vater, dass du es dir überlegt hättest.«

»Für mich gibt es da nichts zu überlegen. Meinen Standpunkt kennst du ja, wenn du so ein Narr sein solltest, an dem hergelaufenen Weibsbild festzuhalten.«

»Ich bin so ein Narr, Vater. Und der Narr kann ja dann jetzt gehen. Es tut mir Leid, dass es so hat kommen müssen.«

»Ja, geh nur grad zu«, schreit der Hartegger und stößt wütend den Stuhl zurück. »Glaub ja nicht, dass ich dich halten möcht! Geh nur grad zu. Bilde dir aber nur nicht ein, dass du mir wieder reinkommst, wenn dir das Wasser bis zum Hals steigt!«

»Da kannst du unbesorgt sein«, antwortet Andreas ganz ruhig. »Ich wird mich schon durchraufen.«

Damit verlässt Andreas seinen Vater, geht in seine Kammer hinauf und packt alle seine Habseligkeiten ein, die er zum Großvater hinüberträgt. Eine Stunde später schlägt er sonntäglich gekleidet den Weg ins Dorf ein.

Der Hartegger sieht ihm vom Fenster aus nach und ballt die Fäuste. »Da rennt er hin, der Narr, der saudumme! Renn nur zu, renn nur hinein in dein Unglück! Zu mir brauchst dann nicht mehr kommen!«

Als er eine Weile später über den Hof geht, schlängelt sich der Klemens an ihn heran und sagt in schöner Geschäftigkeit: »Wie meinst du denn, Vater? Soll ich den Mist zuerst auf die oberen Äcker fahren?«

Der Hartegger sieht an ihm vorbei ins Leere. »Das solltest schon wissen, wenn du von der Landwirtschaft was verstehen möchtest.«

»Es ist nicht wegen dem, Vater. Aber ich möcht nichts tun ohne dass ich dich zuerst gefragt hab.«

Du scheinheiliger Tropf, denkt der Hartegger, sagt aber nichts.

Da wird der Klemens noch zutraulicher. »Fort ist er, der andere, im Feiertagsg'wand. Vielleicht fährt er ihr nach, der Beate.«

Der Bauer verzieht den Mund und sieht den Klemens mit schmalen Augen an. »Dass dich das so freut? Bildest du dir vielleicht ein, du bist schon der Bauer da?«

Der Klemens stochert mit der Gabel im Mist umeinander und sagt schließlich mit der Miene eines Gekränkten: »Daran denk ich überhaupt nicht, wo doch der Vater noch so rüstig ist.«

»Ja, das bin ich noch! Gott sei Dank! Und solang ich noch so rüstig bin, brauchst du dir überhaupt nichts denken, dass du dich gleich auskennst! Deine ganzen Spekulationen sind einen Pfifferling wert! Mach dich gut in Zukunft, dann werden wir's schon sehen. Und jetzt arbeit und red nicht so viel!«

Klemens sieht dem Vater mit zusammengebissenen Zähnen nach. Aber dann schüttelt er sich wie ein nasser Pudel.

»Von mir aus sag, was du magst. Die Hauptsach ist, dass ich einmal Hartegger werd.« Um dieses Vorteils willen vergisst er sogar Beate, die gestern noch sein ganzes Denken beherrscht hat. Ihm ist es gleich. Er heiratet auch eine, die ihm der Vater zudiktiert. Jedenfalls will er nicht so dumm sein wie der Anderl und deshalb den Hof riskieren.

Alle sind der Meinung, dass Beate in die Stadt zurückgekehrt sei. Niemand hat eine Ahnung, dass sie sich beim Großvater drüben im Zuhaus verborgen hält.

»Darfst dich bloß die nächsten Tag' nicht sehen lassen«, trägt der Großvater ihr auf. Wenn er zu den Mahlzeiten in den Hof hinübergeht, sperrt er jedes Mal die Türe hinter sich zu. Am ersten Tag kommt sich Beate vor wie eine Gefangene, zumal auch Andreas nicht da ist. Am zweiten Tag hat sie sich daran gewöhnt. Und am Abend dieses Tages kommt auch Andreas wieder zurück.

Vier Augen hängen erwartungsvoll an ihm. Aber er sagt zunächst kein Wort, zieht gemächlich seine Jacke aus und schlüpft in seine Hausschuhe. Dabei sieht sie, dass sein Mund wieder jenen zärtlichen Ausdruck hat, den sie so liebt und der in den letzten Tagen nicht mehr zu sehen gewesen ist.

»Ist es gut gegangen, Andreas?«, fragt sie zaghaft.

Da leuchten seine Augen auf. Endlich kann er sprechen. »Alles ist gut gegangen! Ich brauch nicht fort vom Berg, wir bleiben für immer da. Der Kronwitter war sofort einverstanden. Der Preis, na ja, es wird schon gehen,

Großvater, wenn du uns helfen willst. Am nächsten Dienstag könnten wir es schon verbriefen.«

Auch Beates Augen leuchten. Unsagbar glücklich ist sie in dieser Stunde. Der Alte nickt ein ums andere Mal vor sich hin und zieht an seiner Pfeife.

»Zehn Tagwerk Wald hab ich mir zurückbehalten«, sagt er. »Wenn du einen Teil davon verkaufst, muss es leicht für den Kronwitthof langen. Außerdem hab ich so auch noch ein paar Tausender, die ich euch geben kann. Wann wird verbrieft, sagst?«

»Am nächsten Dienstag, Großvater. Und dann könnten wir gleich auch raufziehen.«

»Musst auch mit einkalkulieren, dass du vielleicht fünfzehn Stückl Vieh zum Anfang brauchst. Am besten ist's, du gehst zum Binder-Lenz. Der hat allweil das beste Nutzvieh zum Verkaufen gehabt«, rät der Großvater und kichert dann fröhlich vor sich hin. »Da wird's ihnen die Augen aufreißen, denen da drüben, wenn sie es erfahren.«

»Sie werden nichts erfahren, Großvater, bis wir nicht schon droben sind. Und dann – Beate, dann wird auch gleich geheiratet.«

Sie lacht leise. Endlich ist wieder dieses über alles geliebte, offene, freie Lachen in ihrem Gesicht. Die Welt ist auf einmal wieder so schön; eine einzige, jubelnde, lachende Symphonie von Licht und Glück ist diese Welt.

In den nächsten Tagen kommt ein Brief auf den Hartegerhof. Es ist ein Schreiben vom Notariat der Kreisstadt, und es ist darin zu lesen, dass der Kronwitter sein Anwesen verkauft habe und die Pacht für die drei Grundstücke, die sowieso heuer ablaufe, nicht mehr erneuert werden könne.

Das wäre weiter kein Grund sich zu ärgern. Andere Bauern, die auch Grundstücke vom Kronwitter gepachtet haben, erhalten das gleiche Schreiben. Aber der Hartegger ärgert sich trotzdem. In letzter Zeit kann ihn sogar eine Fliege an der Wand schon ärgern. Der ganze Mann ist die verkörperte Unruhe, seit Andreas gegangen ist. Seine Frau hat nichts zu lachen, er ist launisch und reizbar und gegen den Klemens ist er oft voll beißenden Spottes, obwohl sich dieser alle erdenkliche Mühe gibt die Zufriedenheit des Vaters zu erringen.

Ganz naturgemäß richtet sich der Zorn der Bäuerin wie der Biggi gegen Beate, die an diesem Unfrieden schuld ist.

»Sie hockt jetzt wieder drin in der Stadt und wir haben den Unfrieden im Haus«, klagt die Biggi einmal bitter. »Wenn sie mir nochmals in die Händ' käm, ich riss ihr alle Haare aus.«

Und eines Tages, es ist gerade der Dienstag, an dem Andreas zur Verbriefung fortgefahren ist, da erspäht die Biggi, auf einen Husch nur, Beates blonden Kopf hinter dem Fenster des Zuhäusls. Mit ein paar Sätzen ist sie drunten in der Küche.

»Mutter, denk dir nur grad, wer drüben beim Großvater ist: die Beate!«

»Was sagst? Die ist da drüben? Jetzt schlagt's dreizehn! Drum hat der alte Bazi die ganze Zeit so viel Essen mit hinübergenommen! Komm Biggi, die muss weiter.«

Wie zwei Furien rennen sie über den Hof und die Stiege drüben hinauf. Aber das steht auf dem letzten Treppenabsatz groß und hager der Alte und hat den schweren eichenen Krückstock zum Schlag erhoben. Verdutzt bleiben die beiden auf der Treppe stehen.

»Ist es wahr, Großvater, dass sich des freche Weibsbild bei dir aufhält?«, fragt die Bäuerin.

»Und wen geht das schon was an?«

»Die muss raus!«, kreischt die Biggi und macht einen Schritt nach vorn.

»Die muss gar nichts«, antwortet der Alte gelassen. »Die Erste, wo mir rauf will, kann meinen Stecken kosten! Da herin bin ich der Herr, verstanden! Das Zuhäusl hab ich euch nicht vermacht. Und wen ich zu Gast hab, das geht euch gar nichts an.«

Die Bäuerin sieht ein, dass nichts zu machen ist, und sie zieht die Biggi an der Schürze zurück.

»Dass du dich nicht schämst, die Liederlichkeit so zu unterstützen«, sagt sie dabei böse zum Großvater.

»Schämt ihr euch zuerst, ist viel gescheiter! Euch isst sie nichts weg und in ein paar Tagen ist sie sowieso fort!« Damit dreht sich der Alte um und geht in das Stübchen zurück, in dem Beate mit klopfendem Herzen wartet.

Natürlich erzählen die beiden den Vorfall auch dem Hartegger und machen noch viel mehr dazu, sodass der Bauer in seinem Zorn den Alten sofort schreiend anfällt, als er mittags zum Essen herüberkommt.

»Von dir hört man ja nette Sachen«, schreit er. »Beherbergst du das Weibsbild bei dir drüben?«

Da wird der Alte von einem Zorn erfasst, der seinem Alter gar nicht mehr zuzutrauen wäre. Wuchtig stößt er seinen Stock auf den Boden, dass es dröhnt.

»Ich verbitt mir den Ton! Was bildest du dir eigentlich ein? Was ich in meinem Häusl drüben mach, das geht niemand was an! Auch dich nicht! Schau mich nur nicht so dumm an! Ich bin immer noch dein Vater, der sich schämen tät, wenn er jemals so gehandelt hätt wie du. Hab ich dir vielleicht was dreingeredet in deinen damischen Jahren, wie du 'kommen bis und hast mir erzählt, dass du die Sennerin von der Brunnalm heiraten möchtest? Dass du es dir später wieder anders überlegt hast, war nicht meine Schuld. Aber das hast du alles vergessen, scheint mir.

Aber damit du gleich im Bild bist – erfahren wirst es ja doch in den nächsten Tagen –, der Andreas hat das Kronwittanwesen droben gekauft und wird die Beate heiraten. Kannst ruhig wissen, dass ich ihnen dabei geholfen hab.«

Da lässt der Hartegger seinen Vater stehen und geht hinaus. Das ist zu viel für den herrischen Mann, der gewohnt ist überall seinen Willen durchzusetzen. Und hier trotzt ihm einer. Und dieser eine ist sein Sohn Andreas, dem er im Grunde genommen – Gott allein weiß es – auf seine Weise in Liebe zugetan ist.

Hahaha! Auf den Kronwitthof will er sich setzen, direkt vor seine Nase hin. Dieser Gedanke treibt dem Hartegger das Blut in den Kopf. Er ist keine Minute im Zweifel darüber, dass der Andreas das Anwesen wieder hochreißen wird. Kennt er doch die zähe Kraft und den starken Willen dieses Sohnes. Etwas wie Stolz will sich in ihm regen. Aber er unterdrückt dieses Gefühl gleich wieder, denn jäh kommt ihm in den Sinn, was wohl die Leute reden werden, wenn es bekannt wird, dass er seinen erstgeborenen Sohn aus dem Haus gewiesen hat.

Nein, jede milde Regung ist hier fehl am Platz. Dieser Sohn hat seinen Stolz empfindlich getroffen. Keinen Finger will er rühren. Soll nur zusehen, wie er zurechtkommt mit seinem artfremden Frauenzimmer!

Missmutig greift er nach Gewehr und Rucksack. Es zieht ihn in den Wald hinauf, obwohl es um diese Zeit nichts Besonderes mehr zu schießen gibt. Dass ihn sein eigener Vater so scharf gemaßregelt hat, wurmt ihn gewaltig, zumal er sich insgeheim eingestehen muss, dass diese Maßregelung nicht ganz zu Unrecht geschehen ist.

Andreas kommt mit dem Dunkelwerden aus der Kreisstadt zurück. Sie sitzen zu dritt in dem gemütlichen Stübchen im Zuhäusl und der Großvater erzählt, was sich im Lauf des Tages ereignet hat.

Andreas ist über nichts verwundert. Er kennt seine Stiefmutter. Sie ist immer schon der schürende Teil gewesen. Dann erzählt er, wie es ihm bei der Verbriefung gegangen ist.

Auf einmal hebt er lauschend den Kopf, lächelt ein wenig, erzählt gelassen weiter und ist plötzlich mit einem Sprung am Fenster, reißt es auf und greift mit stählerner Faust zu.

Alles andere spielt sich blitzartig ab. Mit einem wilden Ruck zieht er den Klemens, der draußen auf einer Leiter gestanden ist, ins Zimmer herein und verabreicht ihm ein paar schallende Ohrfeigen.

Keuchend taumelt Klemens an die Wand und greift an die Hosennaht, wo sein Messer steckt. Da trifft ihn ein so harter Schlag auf den Arm, dass das Messer auf den Stubenboden kollert. Diesen Schlag aber hat der Großvater mit seinem Eichenstock geführt. Klemens will fluchend zur Tür hinaus.

Aber da fasst ihn Andreas an der Brust und reißt ihn zu sich her. »So, horchen hast müssen, du Lump, du trauriger! Noch einmal lass dich erwischen, dann kommst nicht mehr so gut weg wie heut. Und noch was will ich dir jetzt sagen, Klemens. Wenn du mir oder der Beate nochmals das Geringste in den Weg legst, dann zeig ich dich unweigerlich an, dass du damals auf mich geschossen hast. Und jetzt geh mir aus den Augen, aber schnell, sonst mach ich dir Füß!«

Dieser Aufforderung hätte es nicht mehr bedurft, denn Klemens ist mit einem Sprung draußen.

Am anderen Morgen aber ziehen Andreas und Beate zum Kronwitthof hinauf. So wie heimatlos gewordenen Flüchtlingen muss ihnen zumute gewesen sein, als sie den Hof betraten. Es ist ein trauriger Einzug, und als Andreas endlich das verrostete Schloss öffnen kann und sie dann die Stube betreten, huscht ein Dutzend Ratten erschreckt in alle Ecken.

Beate schreit leise auf und fasst Andreas' Arm.

Der lächelt nur. »Das ist noch lang nicht das Schlimmste, Beate. Die werden wir schnell draußen haben. So – und jetzt alle Fenster auf ihm ganzen Haus, dass Luft und Sonn herein können!«

Die Kammern sind fast leer, denn der Kronwitter hatte alles Inventar zu seinem Sohn mitgenommen. Es ist ein heruntergekommenes, verwahrlostes Haus, in dem man nicht recht weiß, wo man zuerst beginnen soll. Eine ganze Weile stehen sie schweigend inmitten der Stube. Da legt Andreas seinen Arm um Beates Schulter.

»Wir werden es schon schaffen, Beate. Und ich glaub, dass es einmal eine schöne Heimat sein wird, da heroben.«

Demütig neigt sie den Kopf. »Mit dir ist es überall schön, Andreas. Ich tu alles, was du willst.«

Aber sie muss dabei unwillkürlich an ihre Kindheit denken, an die tausend Annehmlichkeiten ihres früheren Lebens und an ihre hochmütige, schöne Mutter, die vielleicht um diese Zeit in einem Kurort im warmen Süden sitzt. Doch sofort schüttelt Beate diesen Gedanken ab. Das hat keinen Sinn jetzt und keinen Platz in dieser Stunde, in der ein neues Leben anhebt.

Im nächsten Augenblick hat sie schon die Ärmel hochgestreift, nimmt einen Kübel und holt Wasser, während Andreas sich mit Hammer und Nagelkiste auf den Weg macht. Sie merken beide kaum, dass es schon Mittag werden will, so sehr sind sie vertieft in ihre Arbeit.

Und so werken sie den ganzen Tag über und dann noch, bei Kerzenlicht, bis in die späte Nacht hinein. Dann bringt Andreas die Beate hinunter. Er selbst schläft seine erste Nacht im Kronwitthof.

So geht es dann Tag für Tag. Bald merkt man, dass der Hof da oben ein anderes Aussehen bekommt. Die Fensterläden hängen jetzt nicht mehr schief in den Angeln. Sie sind festgemacht und grün gestrichen. Das Dach ist ausgebessert, die losen Bretter an Stadel und Scheune sind befestigt und die zerbrochenen Stallfenster frisch eingeglast. Nette blau gewürfelte Vorhänge zieren die Stubenfenster und den ganzen Tag kann man den blauen Rauch aus dem Kamin aufsteigen sehen.

Nach acht Tagen werden die ersten Möbel aus dem Dorf heraufgebracht. Das elektrische Licht funktioniert auch schon wieder. Wie nach einem vorgeschriebenen Gesetz nimmt da droben alles seinen Verlauf.

Nur eines ist äußerst unangenehm. Die Straße ins Dorf führt mitten durch den Hartegghof. Alles, was vom Dorf heraufgebracht werden muss, sehen die da unten. Im Winter, sagt Andreas, will er eine neue Straße anlegen.

In der Regel ist es zwar so: Nähert er sich dem Hartegghof, ist dieser plötzlich wie leer gefegt. Niemand von den Seinen will ihm begegnen, so sehr sind sie von Zorn erfüllt gegen ihn.

Als Andreas eines Tages zwei gute Milchkühe heimbringt, steht sein Vater unter der Haustüre. Zuerst gibt es ihm einen Riss, als er Andreas plötzlich mit den Tieren auftauchen sieht. Aber es ist schon zu spät um noch umzukehren ohne sich eine Blöße zu geben. So bleibt er unter der Haustüre stehen, kneift die Augen zusammen und betrachtet die beiden Kühe, die Andreas an einem Strick hinter sich herzieht.

Gut hat er eingekauft, muss er dabei feststellen.

Da tritt Klemens hinter ihn und sagt: »Was zieht er denn da für ein paar dürre Geißböck' heim?«

Der Hartegger dreht den Kopf und hat Hohn in den Augen. »Da sieht man wieder, was du verstehst!

Das sind ein paar ganz gute Milchküh', wenn du mich fragst.«

»Na ja, mir kann's ja Wurscht sein«, lenkt Klemens ein. »Schließlich ist es ja gleich, ob er jetzt schon verdirbt da droben oder erst in ein paar Jahren. Halten kann der das Sach ja doch nicht. Was wollt ich jetzt gleich fragen? Ja – wie ist's mit der Hagerleite, die wir bisher in Pacht gehabt haben vom Kronwitter? Da fahren wir doch heuer keinen Mist mehr hin, nachdem ja doch der andere nächstes Jahr erntet.«

Der Hartegger fährt herum. »Was? Nicht düngen, sagst? Bist denn du verrückt? Glaubst denn du, ich lass mich ausrichten? Nach Pachtablauf sind die Grundstücke in ordnungsgemäßem Zustand zurückzugeben, steht im Vertrag. Und daran halt ich mich. Trotz allem. Darum wird gedüngt da oben, verstehst du mich? Wenn ich auch gebrochen hab mit dem da oben, deswegen lass ich mir nichts nachsagen von ihm, was das betrifft.«

So fährt der Klemens am anderen Morgen die erste Fuhre Mist auf die Hagerleite. Schließlich kann er sich dem Willen des Vaters nicht widersetzen. Aber er kann den Mist recht dünn ausfahren, jawohl, das kann er. Während dieser Arbeit sieht er schon wieder etwas, über das er nörgeln kann. Andreas ist nämlich daran, mit Beate die alten Obstbäume umzulegen. Es ist eine Mordsarbeit, denn Beate hat in ihrem Leben noch keine Säge in der Hand gehabt. Aber Andreas ist voller Geduld und Beate ist voller Lust und Liebe bei der Arbeit, was ihn froh macht.

»Schneidet er die guten Bäum' um«, mault Klemens. »So ein Hirsch! Da sieht man wieder, was er von der Landwirtschaft versteht.«

O ja, Andreas versteht seine Sache schon. Die alten Bäume sind verwildert und tragen kaum mehr Frucht.

Dafür will er fünfzig neue, junge Stämme setzen. Einen richtigen schönen Obstgarten will er anlegen, mit dem man sich überall sehen lassen kann.

Schon ein paar Tage später fängt es zu schneien an. Über das Land breitet endgültig der Winter seine große weiße Decke.

16

Über einen halben Meter hoch liegt der Schnee. Andreas schaufelt einen breiten Weg um den ganzen Hof. Sonst kann man draußen nicht viel tun und so gönnen sich die beiden nach den schweren, arbeitsreichen Wochen einen stillen Feiertag.

Ein wohliges Feuer brennt im großen Kachelofen. Beate ist damit beschäftigt, das Mittagessen vorzubereiten. Die erste Zeit hat sie immer ein wenig Angst gehabt, ob es ihm wohl schmecken würde, denn auch im Kochen hat sie bisher reichlich wenig Übung gehabt. Aber es ist immer so, wenn man vor Tatsachen gestellt wird, muss man sich mit ihnen auseinander setzen. Und anhand eines alten Kochbuches gelingen Beate jetzt schon so schmackhafte Gerichte, dass Andreas mit dem Lob nicht zurückhalten kann, wenn auch manchmal noch etwas ein wenig versalzen ist. Aber er ist verliebt und Verliebten schmeckt alles.

An diesem Tag haben beide einmal reichlich Zeit, über ihre Zukunft zu sprechen. Es sind noch viele Wünsche offen und die Sorgen wachsen, wie der Schnee über Nacht gewachsen ist, sodass Andreas manchmal nicht ein und aus zu wissen glaubt.

»Ich muss schauen, dass ich irgendwo einen gebrauchten Bulldog herkrieg«, sagt Andreas. Er kratzt sich hinter dem Ohr und durchmisst mit großen Schritten die Stube. »Aber ein paar Kälberküh' müssten auch rein. Es fehlt uns noch am Dünger und auch sonst an Einnahmen. Es ginge so vieles noch ab, aber –« Er spricht den Satz nicht aus. Nur sein Schritt wird unruhiger und seine Brauen ziehen sich nachdenklich zusammen. Man hört außer seinem Schritt nichts in der Stube als das Ticken der Uhr, die der Großvater hat hergeben müssen.

Plötzlich hält er in seinem Wandern inne und blickt auf. »Was ist denn, Beate? Weinst du?«

Beate sitzt still beim Tisch, den Kopf gesenkt, die Hände im Schoß verschlungen. »Nein, ich weine nicht, gewiss nicht, Andreas.«

»Schau mich einmal an.«

Sie hebt die tränenden Augen. »Andreas, wenn ich höre, wie du mit Plänen angefüllt bist, dann krampft sich mein Herz zusammen. Wie ein schwerer Klotz hänge ich an dir. Keinen Pfennig hab ich dir zugebracht und die Sorgen wachsen dir durch mich noch über dem Kopf zusammen.«

Was hab ich jetzt Dummes dahergeplappert, fährt es ihm durch den Kopf. Jedes Wort muss sie wie ein Nadelstich getroffen haben. Und ganz jäh wird es ihm bewusst, dass er in seiner blinden Schaffenswut die ganzen Tage und Wochen her eines vergessen hat, nämlich, dass sie auf eine kleine Zärtlichkeit von ihm wartet wie ein ausgedorrter Acker auf den Regen. Dass sie lieb gehabt sein will wie ein Kind, dass ihr Herz sich nach ihm verzehrt, dass sie jung ist und schön. Das alles hat er vergessen gehabt. Auch jenes, dass sie vielleicht fremd ist in dieser Welt, die er mit raschen, kühnen Griffen aufgestellt hat, dass sie noch nicht so durchdrungen ist von bäuerlichem Bewusstsein wie er, der in dieser Welt aufgewachsen ist.

Das alles fällt nun wie eine schwere Last über sein Herz. Ein großes Schuldbewusstsein regt sich in ihm. Aber er kann das nicht so zeigen. Er streichelt nur ihr Haar und nimmt ihre Hand. Da erschrickt er abermals und hält ihre Hand mit der Innenseite ans Licht.

Rau und rissig sind diese Hände geworden. Ein paar Schrunden sind rot entzündet. Diese einst so schönen weißen Hände tragen die Merkmale härtester Arbeit. Durch seine Schuld. Niemals hat er gesagt, sie solle rasten. Hat er sie durch sein eigenes Tempo nicht immer schweigend angetrieben wie ein Tier, wie eine Sklavin?

Beate muss seine Gedanken erraten haben, denn sie schmiegt ihre Wange an die seine und sagt: »Das macht gar nichts, Andreas. Ich will ja gerne arbeiten. Nur Sorgen sollst du keine haben.«

»Das wird nicht gut gehn, Beate. Sorgen werden wohl immer da sein und Wünsche auch. Und das ist auch ganz gut, denn was wäre das Leben, wenn man keine Wünsche mehr hätte! Es wird wohl keinen Menschen geben, der restlos zufrieden wäre mit dem, was er hat.«

»Doch, doch, Andreas. So einen Menschen gibt es. Ich zum Beispiel bin restlos zufrieden. Ach, wenn du es doch auch sein könntest, Andreas. Schau, es muss ja nicht alles auf einmal da sein. Nach und nach wird alles noch kommen, was du dir wünschst. Ich will ja gar nichts für mich haben, will gerne auf alles verzichten, bis wir aus dem Schlimmsten heraus sind.«

»Ach du –«, lacht er und hebt sie hoch. »Immer denkst du nur an mich und an dich gar nicht. Da muss halt ich es in Zukunft mehr tun als bisher. Kommt mir selber fast vor, als hätt ich dich ein wenig vernachlässigt in letzter Zeit. Ein richtiger Eisklotz bin ich geworden, ist's nicht wahr?«

An diesem Tag hätte Beate wahrlich nicht mehr sagen

können, dass er ein Eisklotz sei. Wie ein paar übermütige Kinder rennen sie durch das Haus. Ja, so ausgelassen, so fröhlich kann er sein, dieser große Andreas! Und wer weiß, welch ein Wunder der Abend für sie noch bereitgehalten hätte, wenn nicht der Hartegger-Großvater plötzlich dahergekommen wäre.

Ja, wahrhaftig, der Alte hat sich den Weg durch den Schnee heraufgebahnt, stampft draußen seine Stiefel ab und tritt lachend in die Stube.

»Muss euch doch einmal aufsuchen, da in eurer Einschichtigkeit«, lächelt er und sieht sich interessiert in der Stube um.

Dann führen sie ihn voller Stolz durch das ganze Haus. Es gibt doch nichts Schöneres auf der Welt als einen Gast durch so ein erworbenes Stück Heimat zu führen.

Der Großvater besieht sich alles ganz genau und sieht später auch der Beate beim Melken zu. Sie hat es gründlich gelernt und kein Mensch hätte es geglaubt, dass dieses Mädchen vor einem Jahr noch ihre Zeit auf dem Tennisplatz hat totschlagen müssen oder in einem Tanzcafé.

Hernach kocht sie ein kräftiges Mahl, deckt den Tisch wie zu einem Festessen, obwohl es nur Kartoffeln und Milch gibt, und sieht entzückend aus als Hausfrau. Welche Freude ihr alles macht! Ihre Liebe gießt in jeden Winkel etwas Leuchtendes.

Der Großvater streckt seine müden Beine behaglich unter dem Tisch aus und schmunzelt: »Das wär es auszuhalten, bei euch heroben.«

»Brauchst bloß kommen und dableiben«, sagen Andreas und Beate wie aus einem Mund.

Doch der Alte schüttelt lächelnd den Kopf. »Wo so viel junges Glück ist, da passen meine alten Knochen nicht hin. Mir geht drunten auch nichts ab. Aber bei euch muss halt noch mal ein bissel nachgeholfen werden, das hab ich schon gesehen. Überhaupt, wenn man fragen darf, wann ist denn die Hochzeit?«

»In acht Tagen schon, Großvater. Das Aufgebot ist schon bestellt.«

»Und da sagt er kein Wort«, lacht Beate glückselig und zwickt Andreas in den Arm. »Gerade, als ob ich das gar nicht wissen bräuchte.«

Beate weiß nicht, dass Andreas diesem Tag mit einem heimlichen Kummer entgegensieht. Was kann er ihr schon bieten zum Hochzeitstag? Gar nichts. Die ganze Verwandtschaft kann seine Wahl nicht begreifen und würde sicher gar nicht hingehen, hätte er eine öffentliche Hochzeit, wie es sonst Brauch ist hierzulande. Darum eben soll sie in aller Stille stattfinden.

Dann steigt dieser Morgen aus einer klirrend kalten Winternacht herauf. Es ist ein Tag von wundersamer Stille. Der Schnee knirscht unter ihren Füßen, als sie noch bei Dunkelheit ins Dorf hinuntergehen.

Kein Böller kracht, wie es sonst üblich ist bei einer Hochzeit, kein flottes Gespann jagt mit Schellengeläute über den Schnee und keine festlichen Hochzeitsglocken läuten. Nur das kleine Glöckchen bimmelt zur Frühmesse, bei der sie getraut werden.

Hernach tritt Andreas über die dicke Schneedecke hin zur Grabstätte der Hartegger, in der auch seine früh verstorbene Mutter liegt. Und Andreas betet am Grab der Mutter, stolz und doch voll Demut, dass wenigstens die Tote da unten ihm nicht gram sein möge, wo doch die Lebenden seine Wahl so sehr verdammten.

Bis es richtig Tag werden will, sind die beiden schon wieder auf dem Weg in die Einöde. An Nachmittag werkt Andreas schon wieder im Haus und auch Beate will ihren

Händen keinen Feierabend gönnen. Sie strickt an ein Paar wollenen Fäustlingen. Abends sitzen sie dicht aneinander gedrängt auf der Bank in der Stube, Andreas summt leise ein Lied vor sich hin, in das Beate nach einer Weile mit ihrer hellen Stimme einfällt. Auf der Herdplatte liegen ein paar Bratäpfel und verbreiten ihren köstlichen Duft in der Stube.

Das ist ihr Hochzeitstag. Die Dämmerung kriecht aus dem Tal und umhüllt langsam einen Berg um den anderen wie mit einem Mantel. Sie schließen die Fensterläden, schließen sich gleichsam ab von der Welt da draußen zum großen Alleinsein.

Da kommt zu später Stunde noch ein unerwarteter Gast. Es ist ein fremder Bursch, der eine schwere Kälberkuh am Strick hinter sich her zieht. Das aber ist das Hochzeitsgeschenk vom Großvater.

Wer kann sich die Freude der beiden vorstellen! Andreas ist fast außer sich und wirbelt seine junge Frau durch den ganzen Stall, bis sie erschöpft bittet: »Nun lass es aber gut sein, Andreas, ich krieg ja keine Luft mehr!«

Und als sie dann später ihre Kammer betreten, liegt helles Mondlicht auf den Dielen und allen Gegenständen. Sie stehen eine Weile wie geblendet von diesem Licht, stehen am Fenster und schauen hinauf zu den Höhen. In wunderbarer Klarheit ragt die Spitze der Jochwand in den Nachthimmel; blank und unnahbar erhebt sich dieser Gipfel über den anderen Bergen.

»Mach auch hier die Fensterläden zu«, sagte Beate leise. »Es ist so taghell in der Kammer.«

Er öffnet das Fenster, und seine Hand greift hinaus in die Kälte. Die Fensterläden zieht er zu. Dunkel wird es in der Kammer. Dunkel und still …

Es ist kein allzu strenger Winter in diesem Jahr. Im März gibt es wohl noch einmal etwas Schnee, aber er hält sich nicht mehr lange. Der Frühling begehrt gewaltsam Einlass ins Tal, treibt an den Bäumen die Knospen heraus und bringt die Bachränder zum Grünen. In der Frühe dieser gärenden Tage hört man manchmal schon einen Auerhahn balzen. Andreas seufzt heimlich, weil es ihm nun verwehrt ist, auf die Jagd zu gehen. Sonst bekommen die Schatten der Vergangenheit keine Gewalt mehr über ihn, und als die schwere Frühjahrsarbeit der Bergbauern beginnt, vergisst er unter der Müdigkeit auch, dass es einst zu seinem Lebenszweck gehörte, mit Rucksack und Büchse auf die Jagd zu gehen wie ein reicher Herr oder Großbauer.

Er ist kein reicher Herr und kein Großbauer. Aber er hat diesen so vieles voraus. Er ist glücklich, im wahrsten Sinne des Wortes, und es kann ihn durchaus kein Neid ankommen, wenn der Klemens unten jetzt mit einem schweren Motorrad über die Straßen braust und sich überall bereits als junger Hartegger aufspielt. Nein, keine Missgunst und kein Neid. Sein Glück ist ihm mehr wert. Auch Beate ist dieses Glück ins Gesicht geschrieben.

Wie schön sie ist! Die Wandlung vom Mädchen zur Frau hat sich bei ihr in solch wunderbarer Weise vollzogen, dass Andreas es manchmal nicht begreift. Ihr Wesen hat etwas Strahlendes, und was ihre Hände berühren, wird gut. Hat Andreas einen Ärger, so ist der vor ihrem heiteren Gleichmut schnell verflogen. Und wirkt auch das nicht, so ist sie klug genug, darauf mit Zurückhaltung zu reagieren und nicht mit lästigen Fragen, was er denn habe, in ihn zu dringen.

Es gibt eben Dinge, die der Mensch mit sich allein ausmachen muss. Er kann dann niemand brauchen dazu und ist eingeschlossen in eine enge, eigene Welt, zu der niemand Zutritt hat und in die keine Frage dringen darf. So ein Mensch ist auch Andreas Rieser, ein Mann von klaren Entscheidungen, mit denen er sich in seinem Inneren verschließt, bis er damit ins Reine gekommen ist. Dann wird er von selbst gesprächig. Er kann dann stundenlang erzählen und lässt seine junge Frau teilhaben an seinen Plänen, die er mit dem Berghof Kronwitt vorhat.

Bald nach Ostern heiratet die Biggi den Höhenthaler-Stefan. Es gibt eine große Hochzeit im Dorf. Vielleicht ist auch eine bestimmte Absicht des Hartegger dabei, diesen Tag besonders festlich zu begehen. Vielleicht will er dem verlorenen Sohn da droben auf Kronwitt zeigen, wie groß die Macht des Hartegger ist.

Er erreicht aber gar nichts damit. Andreas lächelt nur, als er davon erfährt, dass die Biggi drei Kälberkühe und eine beträchtliche Barsumme mitbekommen habe. Und es ist auch kaum eine Absicht dabei, dass er ausgerechnet am Hochzeitstag seiner Halbschwester über Land fährt. Es schickt sich eben gerade so, dass am selben Tag in der Kreisstadt Landwirtschaftsausstellung ist, und er sagt zu Beate, er werde sich nach einem passenden Traktor umsehen – die Anschaffung sei längst überfällig, man könne ja nicht weiterwirtschaften wie vor fünfzig Jahren.

So fährt Andreas an diesem Tag schon fort, als es noch dunkel ist, und so hört und sieht er nichts von der prahlerischen Hochzeitsfeier, mit der man ihn offensichtlich hat ärgern wollen.

Andreas bleibt den ganzen Tag weg. Schon sinkt die Nacht über das Anwesen am Berg und er ist immer noch nicht zurück. Noch nie seit ihrer Hochzeit ist Beate abends so mutterseelenallein auf dem Hof gewesen. Und sie empfindet mit erschreckender Deutlichkeit, wie leer ihr Leben doch wäre ohne diesen Mann. Sich von ihm trennen zu müssen, das wäre so viel wie der Tod.

Sofort schüttelt sie diese Gedanken wieder ab, von denen sie nicht weiß, welchen Ursprung sie haben. Es liegt doch das Leben vor ihr, das herrliche Leben mit seinen tausend Schönheiten. Ein Gefühl von Reichtum und Würde durchströmt sie, wenn sie bedenkt, dass dieses schöne Stückchen Erde ihre Heimat geworden ist. Hoch und frei steht dieser Berghof über den anderen Höfen des Tales; hier leben und arbeiten zu dürfen hebt einen gleichsam über die anderen Menschen empor. Zutiefst fühlt Beate sich dem Hof und seinem Boden schon verpflichtet, ihr ganzes Wesen hat Wurzeln geschlagen in dem Erdreich dieses gesegneten Stückes Heimat.

Es ist so still im Haus. Nur die Uhr tickt unablässig und manchmal hört man vom Stall herüber eine Kette klirren. Beate will immer noch kein Licht machen. Sie sitzt auf der Ofenbank, den Kopf an die warmen Kacheln gelehnt, die Hände im Schoß gefaltet, als ob sie bete. Ein horchender Zug ist in ihrem Gesicht. Tiefstes Feiern wird ihr plötzlich dieses Alleinsein.

Da – ist es nicht gerade wieder da gewesen? Deutlich hat Beate es gespürt, das leise Klopfen eines neuen Lebens unter ihrem Herzen …

Sie weiß es seit langem und es ist ihr Geheimnis bis heute. In der Stunde, in der es ihr klar wurde, dass sie ein Kind erwartet, ist sie so von Seligkeit erfüllt gewesen, dass sie nicht im Stande war darüber zu sprechen. Auch zum liebsten Menschen nicht. Mit dieser Stunde des Erkennens aber begann für Beate ein Wandel in der Stille. Voll tiefer Dankbarkeit erkennt sie Gottes Gesetz vom Werden und Vergehen und sie fühlt sich auf wunderbare Weise begnadet, da nun auch sie Trägerin künftigen Lebens geworden ist.

Auf dem Kronwitthof ist wieder Leben eingekehrt. Wo einst ein uraltes Geschlecht gehaust hat, trägt nun ein junges und neues Geschlecht seine Kraft in die alten Mauern.

In dieser Stunde also, da die Nacht bereits über dem Berghof Kronwitt liegt, fühlt Beate wie noch nie zuvor, dass mit ihrem Herzen ein zweites Herz in ihrem Schoß leise klopft. Und sie hält zärtlich Zwiesprache mit diesem Ungeborenen, als hielte sie es bereits leibhaftig und zappelnd auf ihrem Arm.

Zum Fenster hinblickend sieht sie das funkelnde Glitzern der Sterne über den Bergen. Die Stubenuhr schlägt neun Uhr. Da steht sie auf und geht in den Stall hinaus.

Die Tiere liegen in einer Reihe. Ihre Leiber wölben sich wie sanfte Hügel. Beim Eintritt der Bäuerin erhebt sich die eine oder die andere Kuh mühsam und schnaufend. Ketten klirren leise und eine große Fliege surrt brummend um die Glühbirne.

Beate nimmt eine Gabel und richtet die Streu. Dann krault sie die Scheck ein wenig zwischen den Hörnern, wirft dem Stier einen Büschel Heu in die Futterkrippe, dreht das Licht aus und tritt in die Nacht hinaus.

Der Ostwind trägt den herben Duft der frühlingsschweren Erde mit sich. Die lärmende Fröhlichkeit der Hochzeitsfeier im Dorf hört man in Fetzen manchmal bis herauf. Hinter dem Haus schreit ein Kater jämmerlich. Mit vielen Geräuschen ist diese Nacht angefüllt. Ruhig und still sind nur die Berge, über denen die Sterne leuchten.

Da hört man ein Motorengeräusch näher kommen. Hat Andreas den Traktor schon gekauft und kommt mit ihm den Berg heraufgefahren? Die Straße führt längst nicht mehr durch den Hartegghof, sondern in drei oder vier Serpentinen direkt von Kronwitt aus zur breiten Hauptstraße hinunter.

Tatsächlich tasten sich nun zwei Scheinwerferkegel den Berg herauf.

Kurz darauf fährt Andreas mit der funkelnagelneuen Maschine in den Hof. Nachdem die beiden die Neuerwerbung ausgiebig bewundert haben, meint Andreas:

»Das Geld hab ich bei der Kreissparkasse aufgenommen, weißt. Aber brauchst keine Angst haben, Beate, ich bring uns nicht zu stark in die Schulden.«

»Das weiß ich doch, Andreas. Es ist ja immer alles recht, was du tust. Aber komm rüber jetzt, du wirst Hunger haben.«

Das ist jetzt das neueste Modell, das hat wieder zehn PS mehr«, erzählt er voller Begeisterung weiter. Da wirst schaun, Beate, wie schön der auch einen voll beladenen Wagen den Hang hinaufzieht«, meint er und streichelt das glatte Metall der Motorhaube. »›Sie sind uns gut genug, Herr Rieser‹, haben die auf der Bank gesagt. Stell dir bloß vor, Beate, wir sind bereits kreditwürdig. Ich könnt auch eine Hypothek kriegen, haben sie gemeint. Aber das freut mich nicht recht. Bloß eine kleine Grundschuld vielleicht, denk ich. Was meinst, Beate?«

»Ach, Andreas, ich versteh doch nichts von den Dingen. Und mach es nur so, wie du denkst, dann wird es schon recht. Aber komm endlich rüber jetzt ins Haus, dein Essen wartet auf dich.«

»Hunger hab ich gar keinen«, gesteht er. »Hab unterwegs ein paar Würstl gegessen. Aber eine Freud hab ich heut, Beate, dass ich es dir gar nicht sagen kann. Ich zappel direkt, weil ich mein, dass ich es nicht erwarten kann, bis ich morgen zum ersten Mal mit dem neuen Bulldog hinausfahr.«

»Manchmal bist du wie ein kleiner Bub«, sagt Beate lächelnd. »Vielleicht hab ich dich deswegen so gern.«

Sie ist nun vollends bereit ihr Geheimnis nicht mehr

länger für sich zu behalten, sie will ihn teilhaben lassen, damit sich zu der knabenhaften Freude, mit der dieser Tag ihn so erfüllt hat, noch eine viel größere und tiefere Freude kommt. Und so geht sie von ihm weg wieder in die Nacht hinaus, überzeugt davon, dass er ihr folgen werde. Eine Weile sitzen sie dann still auf der Bank vor dem Haus, zwei Menschen inmitten der großen Bergnacht. Der Brunnen rauscht und plätschert sein altes Lied.

Da nimmt sie ganz still seine Hand und führt sie dorthin, wo unter ihrem Herzen wieder das feine Pochen zu spüren ist. Andreas aber ist nicht ganz bei der Sache, ist mit seinen Gedanken viel zu sehr bei seinem Traktor und begreift nicht im Geringsten, dass ihm in dieser Stunde ein Wunder offenbart werden soll. Nein, seine Gedanken spannen schon eine Brücke von der sternenklaren Nacht in den neuen Morgen hinein. Er sieht sich, wie er zum ersten Mal mit dem neuen Traktor aufs Feld hinausfährt.

Einen ganz zärtlichen Mund bekommt er bei diesen Gedanken und Beate denkt, dass er bereits begriffen habe, was sie ihm auf diese schweigende Art mitteilen will. Es ist fast überflüssig, meint sie, dass sie jetzt noch ihren Mund an sein Ohr neigt und leise sagt: »Im Herbst wirst du ein Kind haben, Andreas.«

Der Mann glaubt nicht recht verstanden zu haben. Er getraut sich kaum zu rühren, sitzt da und schluckt und bekommt einen trockenen Mund. Nur zögernd begreift er, dass etwas unsagbar Schönes sein Leben erfüllen will. Doch plötzlich fällt er vor ihr auf die Knie.

»Sag das noch einmal«, bettelt er.

Beates Finger spielen in seinem Haar. Sie fühlt die Freude, die ihn erfasst, ja geradezu erschüttert hat. Nach einer Weile nimmt sie sein Gesicht in die Hände und lächelt glückselig in seine Augen hinein.

»Ein Kind wirst du haben im Herbst, lieber Andreas. Einen kleinen, kraushaarigen Buben vielleicht …«

Nun erst erfasst er die Botschaft in ihrer ganzen verheißungsvollen Größe. Er springt auf und sein Mund schreit einen Jauchzer in die Nacht hinein, der weithin durch die Echogründe des Waldes schwingt. Dann nimmt er seine junge Frau auf die Arme und trägt sie über die Schwelle des Hauses. Als er mit dem Fuß die Türe hinter sich zustößt, saust eine Sternschnuppe über den Horizont durch das Dunkel der Nacht und sinkt verlöschend hinter die Jochwand.

17

Ja, es hat schon etwas auf sich, wenn Andreas gesagt hat, dass der Kronwitter kreditwürdig geworden ist. Das hat sich nicht nur bei der Kreissparkasse gezeigt. Nein, überall ist es zu spüren, dass die Mauer der Ablehnung zerbröckelt, dass man im Dorf den Mann nicht mehr belächelt, der mit dieser artfremden Frau auf dem verfallenden Kronwitthof ein neues Leben begonnen hat.

Der Molkereibesitzer weiß im Wirtshaus zu erzählen, dass er vom Kronwitthof die fetteste Milch bekomme und dass die Menge in der letzten Zeit ständig gestiegen sei. Im Lagerhaus, wo Andreas eines Tages vorgefahren ist um fünfzig Zentner Kunstdünger zu laden, hat man sich mit Unwillen schon darauf gefasst gemacht, dass man das Geld dafür nicht so schnell sehen wird. Aber der Kronwitter hat sofort bezahlt und der Lagerhausverwalter mag wohl gedacht haben, dass nicht alles stimmen wird, was der Hartegger-Klemens im Wirtshaus über seinen Halbbruder immer so abfällig herumerzählt.

Wenn Klemens zu viel Bier getrunken hat, wird er hämisch und großsprecherisch.

»Ich hätte sie haben können«, plaudert er dann prahlerisch aus. »Aber unsereins muss schon ein bissel auf sich schaun. Und mein ganz gescheiter Herr Bruder wird auch noch sehn, wohin er mit ihr kommt.«

Am Anfang hat man dem Klemens nur zu gerne beigepflichtet. Niemand oder nur ganz wenige kennen Beate. Wenn sie ins Dorf kommt um ihre Einkäufe zu erledigen, hat sie selbst immer Hemmungen. Das legt man ihr als Arroganz aus. Doch allmählich wird sie sicherer. Sie findet zu den Leuten und die Leute finden zu ihr. Bald hat sie ein gewisses Selbstbewusstsein entwickelt. Sie hat begriffen, dass sie jemand ist. Und als der Stiefelwirt, als sie dessen Laden betritt, sie erstmals mit dem schönen Namen Kronwitterin begrüßt, da leuchtet es in ihren Augen auf. Die Schüchternheit ihres Wesens legt sich und sie lächelt freundlich zurück, wo ihr zugelächelt wird. Man hat sie zuerst als eine Fremde betrachtet. Aber nun ist sie die »Kronwitterin« geworden. Und die Leute nehmen dieses Wort mit Bedacht in den Mund und sagen es voll Anerkennung, weil dieses Mädchen bereit gewesen ist, alles mit dem Mann, der ihretwegen auf den väterlichen Hof verzichtet hat, zu teilen und zu tragen: Hitze und Kälte, die kalte Verachtung der Hartegger'schen und nun die freundliche Anerkennung durch die Menschen des Dorfes.

Eines Morgens kommt Beate wieder in den Laden des Stiefelwirts um das Sonntagsfleisch einzukaufen. Der Laden ist voller Menschen und alle können es hören, wie hell und freundlich die Wirtin sagt:

»Guten Morgen, Kronwitterin. Auch schon so weit herunten?«

So, das ist also die Kronwitterin, denken die anderen.

Beate fühlt die Blicke von allen Seiten. Im Aufschauen treffen sich ihre Augen mit denen des Mädchens Veronika vom Steinleitnerhof. Beate spürt, wie sie ein wenig rot wird, lächelt aber dann, weil sie sieht, dass Veronikas Blick nicht böse auf ihr liegt.

Wahrscheinlich bemerkt die Stiefelwirtin selber nicht, dass sie die neueste Nummer der Tageszeitung erwischt, als sie Beates Fleisch einwickelt. Erst als Beate wieder daheim ist und das Fleisch aus dem Zeitungspapier herausnimmt um es in den Kühlschrank zu legen, fällt ihr der Name Weinherr in die Augen. Und obwohl zwischen ihr und dem Elternhaus jede Brücke abgebrochen ist, geht es ihr doch schmerzhaft nahe, dass sie da in einer dicken Trauerumrandung liest, dass Herr Erwin Weinherr, Ministerialrat i. R., nach einem langen, schweren Leiden, jedoch schnell und unerwartet, verschieden sei. In fassungsloser Trauer: Gattin Margret Weinherr und Sohn Alfons.

Was Beate im Augenblick empfindet, ist mehr Zorn als Trauer. Nichts als Phrase ist es, was Margret Weinherr in die Zeitung hat drucken lassen! Wenn der Vater etwas hinterlässt, so ist es neben einer gesicherten Pension ein beträchtliches Vermögen und eine Frau, die sicherlich über das Ableben des Mannes keineswegs fassungslos ist, wie sie der Welt mitteilt, sondern es ist Frau Margret Weinherr, die immer noch am Leben hängt und es zu genießen weiß.

Beate kann nicht anders als in dieser Minute voll Schmerz des Vaters zu gedenken, dem ihre ganze Liebe und Sorgfalt gegolten hat. Freilich, dass auch er das Enterbungsschreiben unterzeichnet hat? Aber wer weiß denn, ob seine entnervende Krankheit nicht den letzten Rest seines Willens zerstört hat und die Mutter und die lieben Verwandten somit ein leichtes Spiel gehabt haben.

Plötzlich spürt sie, wie ihr die Brust eng wird. Aufschluchzend wirft sie die Arme über den Tisch und birgt den Kopf darin. So findet Andreas sie, als er nach einer Weile die Stube betritt. Erschrocken kommt er näher und sieht das Blatt mit der Trauerbotschaft auf dem Tisch liegen.

Noch während er liest, richtet sie sich auf und trocknet die Tränen. Er kann ihr keinen rechten Trost sagen.

»Und am Montag Nachmittag wird er beerdigt«, sagt er. »Ich versteh es, Beate, du wirst hinfahren wollen.«

Beate blickt rasch auf. »Ich wollte es eigentlich nicht, Andreas. Aber jetzt, weil du es sagst, fühle ich selber, dass ich es tun muss.«

Andreas begleitet sie am Montagmorgen zur Bushaltestelle. Der Himmel hängt grau und schwer über dem Land, die Berge sind verhüllt von dicken Nebeln. Als sie an der Haltestelle stehen, fängt es zu regnen an.

»Holst du mich am Abend wieder ab?«, fragte Beate.

»Freilich, meinst du, dass ich dich allein den Berg 'nauflaufen lasse? Und was ich noch sagen will: Gib nur Obacht und schau alleweil zuerst, ob nichts kommt, bevor du über die Straße gehst.«

Sie muss lächeln über seine Fürsorge. Sie ist doch in der Stadt aufgewachsen und weiß Bescheid.

»Hast genug Geld bei dir?«, fragt er jetzt wieder.

Sie nickt. »Ich bring dir auch etwas mit, das dich freuen wird.«

»Was denn?«

Beate schüttelt den Kopf. »Sonst bist du ja nicht mehr überrascht.«

Da fährt der Bus heran und Beate gibt ihrem Mann noch schnell einen Kuss. Erschrocken schaut er sich um, ob es niemand gesehen hat. Es ist das nicht seine Art und er hat es oft belächelt, wenn er es bei Städtern gesehen hat.

Es ist jetzt ein gutes Jahr her, dass Beate hierher gefahren ist. Damals fuhr sie einem ungewissen Schicksal entgegen. Was sich doch in einem einzigen Jahr alles ändern kann! Damals ist sie als Sommergast gefahren, heute sitzt sie zwischen Leuten ihresgleichen und hält einen kleinen Kranz aus Latschen und Alpenblumen in den Händen, den sie am gestrigen Abend noch gebunden hat.

Als der Bus an der Endstation angekommen ist und Beate in den Zug umsteigt, regnet es in Strömen.

Im Zug sieht sie zum Fenster hinaus und überlegt sich, ob die Mutter sie wohl anreden wird, wenn sie sich treffen. Sie trägt heute zum ersten Mal die dunkle Tracht des Tales: den langen Faltenrock, den hochgeschlossenen Spenzer und den schwarzen Audorferhut mit den langen Seidenbändern. Eine Bäuerin ist sie, ein Bild von Kraft und Schönheit.

Der Zug rattert durch das Land, der Regen trommelt an die Scheiben. Als Beate am Hauptbahnhof ankommt, hat es für eine Weile zu regnen aufgehört, aber gegen Mittag beginnt es wieder.

Frühzeitig findet sie sich auf dem Friedhof ein. Sie sieht den Vater noch in der Leichenhalle aufgebahrt, ein stiller Schläfer inmitten von Blumen.

So steht sie eine ganze Weile vor dem Sarg, ihren großen, tränenfeuchten Blick auf das starre Antlitz geheftet. Sie merkt kaum, dass die Leichenhalle sich immer mehr füllt.

Da betritt, von Alfons geführt, ihre Mutter die Halle. Ihr Trauerkleid allein mag ein kleines Vermögen gekostet haben.

Margret Weinherr ist peinlich berührt, als sie Beate sieht. Sie verhält den Schritt und Alfons streicht sich unwillig über die Stirn. Dann schieben sie sich beide an Beate vorbei und stellen sich vor sie an den Sarg, dessen Deckel nun geschlossen wird.

Beate steht wie angewurzelt. Ihr Mund zuckt in hilflosem Schmerz. Sie hat gedacht, diese Stunde und der Tod des Vaters könnten vielleicht eine Brücke der Verständigung schlagen, selbst wenn diese nur andauern würde, bis der Vater beigesetzt ist. Die Leute sollen wenigstens den Eindruck haben.

In einem trotzigen Auflehnen denkt sie, dass sie hernach stolz und schweigsam neben die Frau treten wird, die ihre Mutter ist. Der kleine Kranz aus Bergblumen zittert in ihren Händen. Wer könnte ihr verwehren hinter dem Sarg zu schreiten, neben der Frau, die heute beinahe leidenschaftslos aussieht, und neben dem zurechtgestutzten Bruder, der so hoffärtig Trauer in seinem Gesicht spazieren trägt? Aber dann hat sie doch nicht die Kraft dazu, sieht sich von den Menschen beiseite geschoben und tappt hintennach mit ein paar alten Frauen, die sie nicht kennt und die wohl aus Neugierde bei jeder Beerdigung mitgehen.

Grau geht der Regen nieder auf die Hüte und Regenschirme. Am offenen Grab bekommt der Verstorbene noch unzählige Male nachgesagt, welch ein vortrefflicher Mensch und Beamter er gewesen sei. Und jedes Mal, wenn ein anderer herantritt um dem Verstorbenen ein paar Worte zu widmen, betupft Margret Weinherr mit einem Spitzentüchlein die Augen. Als der Geistliche gesagt hat, dass dieser Ehe zwei Kinder, ein Sohn und eine Tochter, entsprossen seien, da hat Margret keine Miene verzogen und Alfons hat seinen Hut vor den Mund gehalten und auf die Spitzen seiner Lackschuhe hinuntergesehen.

Endlich ist alles vorüber. Vorne in der Halle läutet das Glöckchen schon wieder zur nächsten Beerdigung. Margret Weinherr wirft neben den drei Schaufeln Erde noch ein Gebinde aus Palmzweigen und seltenen Blumen auf den Sarg hinunter und fasst dann Alfons' Arm. Sie schreiten dem Ausgang zu, wo elegante Wagen parken.

Beate tritt als Letzte heran und legt ihren kleinen Kranz als letzten Gruß auf des Vaters Grab. Unter den vielen Gebinden ist vielleicht keines so eindrucksvoll wie dieser kleine Kranz aus Bergblumen. Der Regen tropft unaufhörlich in das Blätterwerk und der Wind hebt einmal eine weiße Kranzschleife empor. »Letzter Gruß von der tief gebeugten Gattin«, ist darauf zu lesen.

Selbst aus diesem traurigen Anlass hat Margret Weinherr noch eine Äußerlichkeit zu machen verstanden. Beate wendet sich ab und geht langsam dem Ausgang zu. Es ist keine Gefahr mehr, der Mutter oder dem Bruder zu begegnen. Sie haben es ihr in der Halle deutlich genug bewiesen, dass sie keinen Kontakt mehr mit ihr wünschen. Nun, Beate hat kein Verlangen sich aufzudrängen. Aber sie weiß, dass jetzt auch der letzte Faden, der noch zum Elternhaus geführt hat, gerissen ist. Wenn nach vielen Jahren einmal Frau Weinherr zur letzten Ruhe gebettet wird, dann wird Beate Rieser, die Bäuerin vom Kronwitthof, wohl kaum mehr mit einem kleinen Kranz aus Latschenzweigen und Bergblumen vor diesem Grabe stehen um der Toten die letzte Ehre zu erweisen.

Der Sommer ist nun vollends im Lande. Es gibt eine Menge Arbeit auf dem Kronwitthof und es ist wirklich notwendig, dass Andreas für zwei schafft. Immer ist er der Erste auf und der Letzte zur Ruh. Aber er tut es mit Freuden, obwohl es ein hartes Schaffen ist auf den steilen Bergwiesen. Dazu will sich der Sommer gar nicht recht anlassen. Immer wieder regnet es, aber endlich bleibt eines Abends der Himmel klar und es folgt eine Reihe von schönen Tagen. In taumelndem Flug schwirren die

Bergschwalben über die Wälder und jeden Tag können die Kronwitters jetzt eine Wiese mähen.

Am Abend geschieht es dann zuweilen, dass der Klemens mit dem Gewehr auf dem Rücken in der Nähe des Hofes vorübergeht. Er weiß genau, dass er den Bruder damit ärgern kann. Weil nun Hunde viel anhänglicher sind als Menschen, springt der Tasso jedes Mal freudejaulend zum Andreas hin. Da ruft ihn aber sofort ein schriller Pfiff des Klemens zurück, der sagen soll: »Bei dem dort hast du gar nichts zu suchen. Mit dem haben wir gebrochen, für alle Zeiten.«

Was tut Klemens nicht alles um seinen Halbbruder zu ärgern. Treffen sie zufällig einmal im Wirtshaus unten zusammen, spricht Klemens stets so laut und herausfordernd, dass Andreas es hören muss. Er spielt sich dann ganz als Harteggerbauer auf und kann etwa so sagen: »Morgen mäh ich die große Breiten.«

Oder: »Am Lärchenacker hab ich es heuer einmal mit einer anderen Weizensorte probiert. Mir scheint, der Boden dort taugt ihm …«

In diesen Tagen feiert der Hartegger-Großvater seinen hundertsten Geburtstag. Hundert Jahre! Die Zeitung bringt einen großen Artikel mit einem Bild von ihm, von der Regierung trifft ein Glückwunsch ein und der Landrat erscheint persönlich und gratuliert.

Ehrungen über Ehrungen. Der Alte kann es gar nicht begreifen, warum man so viel Aufhebens macht. Hundert Jahre, was ist es doch für eine kurze Spanne Zeit im großen Weltgeschehen. Er ist eben hundert Jahre alt geworden und damit basta.

Als der Landrat wieder fort ist, betritt auch der Hartegger das Austragsstüberl des Alten.

»Ich wünsch dir halt auch alles Gute, Vater, zu deinem Hunderter. Sollst noch recht lang gesund bleiben.«

Der Alte nickt zum Zeichen des Dankes, dann bricht der Spottteufel wieder in ihm durch. »Das tätst mir gewiss nicht wünschen, wenn ich dir noch nicht übergeben hätt.«

»Geh, Vater, stichel doch nicht immer.«

»Das ist doch nicht gestichelt. Stell dir doch vor, wenn du jetzt mit deinen sechzig Jahren noch rumlaufen tätst und gehörte dir noch nichts. Das liegt doch klar auf der Hand, dass du mir dann nicht noch weitere, gesunde Jahr' wünschtest.«

Der Hartegger fängt eine Fliege vom Tisch und sagt, auf ein anderes Thema überspringend: »Wir machen heut Feiertag, dir zu Ehren. Musst rüberkommen.«

»Ja freilich, sonst nix mehr! Feiertag machen wegen mir. Da ist's schon gescheiter, ihr schafft das Heu noch ganz rein.«

»Die paar Fuder sind morgen auch gleich herinnen.«

»Ich mag aber nicht feiern, weil ich nichts dazu kann, dass ich hundert Jahr' alt worden bin.«

»Geh, sei doch nicht so dickschädlig.«

Der Alte verzieht seinen zahnlosen Mund. »Möchtest du von dir behaupten, dass du nicht dickschädlig bist?«

»Dann hab ich's aber nicht gestohln. Aber ich weiß schon, wo du wieder 'nauswillst.«

»So? Weißt es? Gut, dann brauchst bloß tun, was mein Wunsch heut wär, dann komm ich 'nüber zu euch und feier mit euch meinen Hunderter, wie ich in meinem Leben noch nichts gefeiert hab.«

»Und was wär dein Wunsch?«

»Dass du dich mit dem Andreas droben versöhnst.«

»Das kannst nicht verlangen von mir, Vater.«

»Also, wer ist jetzt der Dickschädel? Ich oder du? Ich

will dir einmal etwas sagen. Du könntest dich schon versöhnen mit dem Anderl, wenn ihm 's Wasser bis zum Hals stehen tät. Dann könntest ihm vielleicht helfen, weil es dann wie Barmherzigkeit aussehen tät. So aber müsstest du deinem Herzen einen Ruck geben und da steht dir die Nase zu hoch. Dass die zwei das Sach da oben hochgerissen haben, das hast du schon längst einsehen müssen, wenn du es auch nicht sagst. Die stehn jetzt schon fest droben, die kann nichts mehr umblasen. Und das alles hat der Anderl fertig gebracht mit dem artfremden Weibsbild, dem du dein Haus verwehrt hast. Schau sie doch an, wie sie arbeitet, wie ihr keine Arbeit zu grob und zu schwer ist. Der Andreas hätt keine Bessere erwischen können, das sag ich dir. Und du musst erst schaun, was dir der Klemens einmal für eine ins Haus bringt.«

Der Hartegger schaut nachdenklich vor sich hin. Was der Großvater ihm da sagt, hat er sich selbst schon oft zugegeben. Aber was soll er tun? Hingehen vielleicht und betteln, dass man ihm wieder gut sei? Da können sie lang warten, wenn sie selber nicht den Weg zu ihm finden. Sein Herz ist bei weitem nicht mehr so steinhart. O nein, er wartet seit einiger Zeit schon ungeduldig, dass von droben ein kleiner Schritt zur Versöhnung getan werde.

Schwer atmend erhebt er sich. »Also, wenn du nicht feiern willst mit uns, dann kann ich es auch nicht ändern.«

»Ich hab dir ja gesagt, was ich tät, wenn du –«

»Geh, lass mir doch meine Ruh! Soll ich denen da droben vielleicht nachlaufen? Fällt mir gar nicht ein! Von mir aus kann es in alle Ewigkeit so bleiben!«

Damit geht er hinaus und wirft die Türe hinter sich zu.

Der Hartegger-Großvater aber geht hinauf zum Kronwitthof. Dort feiern sie seinen Tag. Beate hat eine Tafel gedeckt mit den feinsten Dingen, die der Alte seiner

Lebtag noch nicht gegessen hat. Kaum aber ist er mit dem Essen fertig, rückt er seinen Sessel vor den Fernsehapparat hin und streckt behaglich die Beine von sich. Dieses Fernsehgerät hat Beate damals in München ausgesucht, als sie Andreas versprochen hatte, sie werde ihm eine Überraschung mitbringen.

Ganz dicht setzt er sich vor den Apparat. »Wenn ich meinen Schädl ganz nah hinheb, versteh ich es ganz gut«, kichert er vergnügt.

Bis um zehn Uhr bleibt er und lobt diese neumodische Errungenschaft, durch die man von allen Geschehnissen in der Welt sehen kann.

»Wir täten den Apparat schon ganz zu dir 'nunterstellen«, meint Beate, »aber dann kämst du überhaupt nicht mehr rauf zu uns.«

»Recht hat s'«, pflichtet Andreas ihr bei. »Es wäre mir nichts lieber, Großvater, als wenn du ganz zu uns heraufziehen möchtest. Wir könnten dich nämlich« – er wirft lächelnd einen Blick auf Beate – »wir könnten dich nämlich brauchen zum Kindhüten, weißt.«

Wie elektrisiert fährt der Alte herum. »Was sagst? Kindlwiegen?« Er schaut die beiden lange an, dann geht sein Blick zum Fenster hinaus und er lächelt still vor sich hin. »Hundert Jahr' hab ich alt werden müssen, damit ich noch erleben darf, was es heißt, einen Urenkel auf den Knien reiten zu lassen. Vielleicht, dass ich dann ganz raufzieh zu euch. Aber jetzt schon? Nein, die andern drunten lachen sich ja den Buckel voll, wenn sie mich nimmer füttern brauchen. Und das ist im Austrag so geschrieben, und was geschrieben ist, das möcht ich auch haben. Aber von jetzt an komm ich jeden Nachmittag zu euch!«

Als er sich zum Heimweg rüstet, begleiten ihn Andreas und Beate hinunter. Die Nacht ist sternklar und die

Mondsichel hängt über der Jochwand, als die beiden wieder zu ihrem Hof hinaufsteigen. Sie gehen ganz langsam und verhalten manchmal den Schritt. Beates Zustand gestattet ihr kein rasches Bergstürmen mehr und außerdem ist die Nacht auch zu schön um gedankenlos durch sie zu rennen. Sie sprechen von dem Kind, das nun bald kommen muss. Ach, wie ist es schön, davon zu sprechen und die Zukunft in hellen Farben zu malen!

18

Es kommt nicht oft vor, dass die beiden Brüder sich begegnen. Geschieht es aber, dann liegt immer eine gespannte Atmosphäre in der Luft. Andreas ist an sich kein Biertrinker, geht nur samstags manchmal hinunter ins Dorf, holt das Fleisch für den Sonntag und trinkt anschließend eine paar Halbe.

Es liegt ihm daran, sich mit den gesetzten Bauern des Dorfes zu unterhalten, während Klemens ein paar Tische weiter hinten dem Kartenspiel huldigt und manchmal schon leicht betrunken ist, wenn Andreas seine zweite Halbe bestellt. Je mehr Andreas an Achtung gewinnt, desto mehr verliert Klemens und man beginnt allenthalben zu zweifeln, ob der Hartegger richtig gehandelt hat, als er den Andreas vom Hof jagte. Natürlich reizt das den Klemens und er lässt es an hämischen Bemerkungen nicht fehlen.

»Ich hab jetzt sechs Halbe, einen Kalbsbraten und drei Schachteln Zigaretten«, schreit er beim Zahlen einmal so laut, dass es Andreas hören muss. »Und für den Fretter da drent zahl ich auch zwei Halbe mit«, fügt er hämisch hinzu.

Da steht Andreas auf und reckt sich in den Schultern. Langsam geht er hinüber zum anderen Tisch, wo Klemens mit seinen Kumpanen sitzt.

»Sag das noch einmal, Klemens, das vom Fretter.«

»Bist vielleicht keiner?«, fragt Klemens herausfordernd, zumal er sich der Hilfe seiner Freunde sicher zu sein glaubt. »Wer bist du denn schon, dass du gar so großspurig tust und dich hinhockst an den Bauerntisch, als wärst du auch einer!«

Da trifft den Klemens ein harter Faustschlag mitten auf den höhnenden Mund und ein zweiter auf das linke Auge. Blut kommt aus seinem Mund, er spuckt einen Zahn aus und hält den Arm über das Gesicht. Aber es kommt kein Schlag mehr. Andreas wendet sich angeekelt ab. Es reut ihn bereits, dass er sich so vergessen hat. Er legt sein Geld für die Zeche auf den Tisch und geht. Aber er geht mit dem Bewusstsein, nunmehr vor Klemens Ruhe zu haben.

Kaum hat Andreas die Gaststube verlassen, rappelt sich Klemens auf und rudert mit den Armen. »Wo ist er denn, der Hund? Umbringen tu ich ihn! Lassts mich 'naus!«

»Bleib hocken!«, sagt einer am Tisch mit ruhiger Gelassenheit und drückt ihn zurück. »Was willst denn machen gegen ihn? Der erdrückt dich ja.«

Mit glasigen Augen stiert Klemens umher. »Ihr seids nette Kameraden. Schaut ruhig zu, wie der andere zuschlägt. Ich bin ja bloß nicht gefasst gewesen, sonst hätt ich's ihm schon gezeigt! Aber mich seht ihr so schnell nicht mehr da.«

Die Hand auf das schmerzende Auge pressend torkelt Klemens hinaus, tut so, als fahre er schnurstracks heim, indessen er gleich hinter dem Dorf schon wieder hält und sich das Blut aus dem Gesicht wischt.

Daheim erzählt er, dass er mit dem Motorrad gestürzt sei, besieht wohl ein Dutzend Mal seine Zahnlücke und das blaue Auge, das in den nächsten Tagen lilafarben schillert und erst nach vierzehn Tagen über Schwarz und Rotbraun wieder die natürliche Farbe erhält.

Währenddessen aber ist das Korn reif geworden. Auf dem Hartegghof wird die Ernte eingebracht, mit leichter Mühe sogar, denn man hat sich dort wieder ein paar neue Maschinen angeschafft. Anders ist es auf Kronwitt. Und niemand spürt dort die Plage des Erntens mehr als die junge Bäuerin, die bereits hochschwanger ist. Andreas meint zwar, es müsse nicht sein, dass sie in ihrem Zustand noch so zupackt. Aber Beate ist schon zu sehr mit dem Hof und mit allem, was sich auf ihm abspielt, verwurzelt, dass es ihr als eine Schande vorkommt, nicht mithelfen zu dürfen an dieser ersten Ernte, die ja auch ihre Ernte ist.

Es wird unser Brot sein, denkt sie. Das Brot meines Kindes, das im nächsten Jahr, so Gott will, schon an diesem Ackerrain liegen und zusehen wird, wie die Halme sich im Wind neigen.

Sie ist so glücklich mit ihrem Leben, dass sie jeden Tag Gott dafür dankt. Es hat eine große Umwandlung stattfinden müssen. Beate hat lernen müssen, mit einer Mark zu rechnen, wo ihr früher hundert Mark nur ein kleines Taschengeld gewesen sind. Sie hat »Brot« gesagt und hat nie gewusst, woher es kommt. Sie ist im Wagen durch das Land gefahren und hat von der Ferne zugesehen, wie andere sich über die Ernte gebeugt haben. Nur ganz flüchtig denkt sie manchmal an ihr früheres Leben zurück, ohne ihm nachzutrauern. Bitterkeit will nur dann in ihr aufsteigen, wenn sie bedenkt, dass ihr Bruder Alfons nun alleiniger Nutznießer all dessen ist, was einmal auch ihr hätte gehören sollen. Es tut ihr um Andreas' willen Leid, der es leichter haben könnte. Wohl hat sie gesehen, wie manchmal ein horchender Ausdruck in sein Gesicht kommt, wenn er die neuen Maschinen über die Hartegger'schen Äcker fahren hört. Aber dann lächelt er gleich darauf wieder vor sich hin und arbeitet weiter, wie um denen da drunten zu beweisen, dass auch er es schaffen wird.

So wird auch auf Kronwitt die Ernte eingebracht, und als der Wind über die Stoppeln hinbläst, spürt man schon die leise Ahnung des kommenden Herbstes.

Eines Tages, als die Herbstzeitlosen schon in den Wiesen leuchten, sitzt Beate in wohligem Müßigsein auf der Bank vor dem Haus, hat die Hände im Schoß verschlungen und ihre Blicke auf den Weiher hinuntergerichtet, der grünlich schimmert und von winzigen Wellen überkräuselt ist.

Es ist ein Sonntag von so feierlicher Schönheit, wie man sie vielleicht nur auf dieser Höhe erleben kann.

Andreas ist mittags schon in den Wald hinaufgegangen, weil der Großvater ihm gesagt hat, er solle sich ansehen, was in diesem Winter geschlagen werden könne. Dieses Waldgrundstück ist bereits so viel wie Eigentum des Kronwitter, das der Alte notarisch festgelegt hat, dass nach seinem Tod diese zehn Tagwerk nicht, wie ursprünglich ausgemacht, an den Hartegger, sondern an den Kronwitter fallen sollen.

Beate will gerade aufstehen um den Nachmittags-Kaffee herzurichten, presst aber plötzlich wie in wildem Schmerz die Hände an den Leib. Der Atem wird ihr eng, so hart presst sie die Lippen zusammen um nicht zu schreien. Als es vorüber ist, geht ein stilles Lächeln über ihr Gesicht.

Es ist ein Segen, dass sie sich inzwischen auch einen Telefonanschluss geleistet haben. Sie wird gleich die

Schröcker Marlene anrufen. Marlene Schröcker ist die Hebamme des Dorfes und wird doch hoffentlich zu erreichen sein. Wenigstens fleht die Beate innerlich darum. Aber sie hat Glück, denn Marlene Schröcker ist daheim.

Immerzu geht Beate vom Fenster zurück zur Türe und von der Türe zum Fenster. Manchmal hält sie inne und verkrampft die Hände in den nächstbesten Gegenstand, wenn das kommende Kind sie quält. Dann setzt sie ihren Weg wieder fort zum Fenster hin und schaut hinaus, ob denn immer noch niemand komme. Eine dumpfe, sehr schmerzhafte Angst überfällt sie plötzlich, weil sie so mutterseelenallein im Haus ist. Das Kind will kommen und es ist immer noch niemand da, der ihr helfen könnte. Draußen weiden die Kühe mit bimmelnden Glocken auf dem Anger. Wenn wenigstens der Großvater da wäre, dass sie nicht so ganz allein sein müsste!

Es kommt ihr vor, als wäre eine Ewigkeit vergangen, als sie endlich einen Wagen in scharfem Tempo den Berg herauffahren hört. Ein VW hält vor dem Haus und Marlene Schröcker steigt aus. Sie ist keine von jenen alten, mürrischen Hebammen, die vom Ehrgeiz besessen sind, alles allein zu machen, und keinen Arzt beiziehen, auch wenn es nötig ist. Nein, die Marlene Schröcker ist neuzeitlich geschult, ist eine kräftige Person mit wachen Augen und rasch zupackenden Händen, stets der Grenzen ihres Könnens bewusst und jedes Risiko vermeidend.

»Na, Kronwitterin, wie weit sind wir denn schon?«, fragt sie freundlich und reicht ihr die Hand. Gerade von dieser Frau hat sie erwartet, dass sie zur Entbindung in eine Klinik gehen würde. Dass sie es nicht tut und ihr Kind zu Hause zur Welt bringen will, imponiert der Marlene Schröcker ganz besonders.

»Vor einer halben Stunde etwa waren die ersten Wehen da«, sagt Beate.

»So? Na, dann werden wir uns schon noch ein paar Stunden gedulden müssen. Aber ich will auf alle Fälle einmal Wasser aufsetzen, wenn Sie mir sagen, wo ich einen Topf finden kann, der groß genug ist.«

»In der Küche unter der Anrichte«, sagt Beate und presst gleich darauf die Lippen wieder zusammen.

»Ist der Kronwitter nicht da?«, fragt die Hebamme, als sie Feuer gemacht und Wasser aufgesetzt hat.

»Nein, leider. Ausgerechnet heute hat er fortmüssen.«

»Was heißt leider? Sind wir froh, dass er nicht da ist! Die Mannsbilder sind bei so was doch nicht zu brauchen. Stehn nur im Weg herum und machen einen nervös mit ihrem Getue.«

»Ja, ja«, sagt Beate ohne Überzeugung. Jedenfalls hätte sie viel darum gegeben, wenn Andreas hier gewesen wäre. Nur seine Hand hätte sie ein wenig halten wollen und ein tröstendes Wort aus seinem Mund vernehmen mögen.

Die Wehen setzen wieder ein und die Hebamme spricht ihr ermutigend zu, bringt sie zu Bett und richtet alles zurecht für die entscheidenden Augenblicke.

»Nur tapfer sein«, sagt sie. »Bis es Abend wird, wollen wir einen kleinen Kronwitter haben, nicht wahr?«

»Bis es Abend wird«, seufzt Beate und muss merkwürdigerweise zwischen der knappen Zeit des Aufatmens und einer neuen Wehe an ihre Mutter denken. Die ganze Zeit hat sie nur ganz flüchtig an sie gedacht. Nun aber tritt Margret Weinherr fast leibhaftig vor ihre Augen und hat auch jetzt noch den strengen, unversöhnlichen Blick. Da schließt Beate die Augen und scheucht das Bild der Mutter fort.

Wie von ganz weit her hört sie das Bimmeln der Kuhglocken von draußen und es ist ihr so, als sei sie bereits hinter die Grenze dieser Welt gestiegen.

Als sich der Tag schon neigt, tut ein junger Kronwitter in der großen Schlafkammer des Hofes seinen ersten hellen Schrei.

Gerade als die Hebamme das Kind gebadet, gewickelt und der erschöpften Mutter in den Arm gelegt hat, stiehlt sich auf Zehenspitzen der Kronwitter hinein und öffnet zögernd die Kammertüre. Ein mildes Licht brennt neben dem Bett. Die Frau im weißen Mantel richtet sich auf und lächelt ihm zu.

»Genau hast du es erraten, Kronwitter! Früher hätten wir dich gar nicht brauchen können.«

Dann nimmt sie das Kind heraus und schlägt eine Decke auseinander. Ein faltiges Gesichtlein, noch fast ohne Ausdruck, sieht ihn an und bewegt gähnend das kleine Mündchen.

»Gib her«, sagt Andreas und streckt die Hände nach dem Kind aus. Aber die Hebamme schlägt es wieder in die Decke und reicht es der Mutter zurück.

»Du musst es erst lernen, mit Kindern umzugehen«, sagt sie. »Im Übrigen – es ist ein Sohn. Ich gratuliere.«

Andreas ist zumute, als habe ihm noch niemals jemand ein schöneres Wort gesagt. Dann tritt er ans Bett heran und weiß vor lauter Verlegenheit nichts zu sagen. Er schaut Beate an, die ihm entgegenlächelt. Aber erst als er die Türe leise ins Schloss klinken hört und im raschen Umschauen sich vergewissert, dass die Hebamme hinausgegangen ist, beugt er sich über Beates Gesicht und küsst sie auf den Mund. Und er sagt ihr etwas von der Liebe und weiß selber nicht, woher ihm so große Worte kommen, ihm, der doch sonst so sparsam ist mit allen Worten, die um die Liebe kreisen.

Sie aber meint, dass auch sie ihm etwas Gutes sagen

müsse, und versichert ich, dass sie sich durchaus nicht krank fühle und bald wieder in Haus und Hof werken werde.

»Ja, freilich, sonst nichts mehr!«, wehrt er ab. »Werd du mir zuerst nur wieder ganz gesund und kräftig. Und ich werd gleich zum Großvater laufen, dass er raufkommt.«

Spät in der Nacht erst begleitet Andreas den Alten wieder hinunter.

»Dass ich das noch hab erleben dürfen! Einen Urenkel«, sagt der Großvater, während sie nebeneinander über den Berg hinuntergehen. »Und grad heut bin ich nicht 'naufkommen. Hättest auch was sagen können, dass du in den Springerwald gehst.«

»Ach, Großvater, es ist ja alles gut gegangen«, antwortet Andreas. »Und ich kann dir gar nicht sagen, was für eine Freud in mir ist.«

Natürlich wissen sie es am andern Tag auch bereits im Harteggghof, dass Beate einen gesunden Knaben geboren hat. Mit Wonne erzählt es der Großvater beim Mittagessen.

Zwölf Pfund hat er schon, der Bams, und ein echtes Harteggergesicht ist es.«

»Das kann man doch bei so einem kleinen Kind noch gar nicht kennen«, zweifelt der Klemens. »Und überhaupt, was ist da schon dabei! Tu nur nicht grad, als ob die da droben 's große Los gewonnen hätten, weil sie so einen Bamsen haben.«

»Da hast Recht, Klemens«, kichert der Großvater. »Das ist wirklich das große Los, was der Anderl 'zogen hat.«

Darauf hat der Klemens laut und respektlos zu lachen begonnen.

»Lach nicht so dumm«, verweist es ihm der Hartegger zornig und steht auf. »Für dich wär's besser, du tätst dir an dem droben ein Beispiel nehmen.«

Draußen ist er. Und er schlägt die Türe heftig hinter sich zu.

Drinnen aber wirft Klemens wütend seinen Löffel weg. »Kreuzteifl, sagen darf man überhaupt nichts mehr bei uns! Gleich wird einem immer der andere droben als Musterbeispiel hingestellt. Wenn er jetzt auf einmal so zu ihm hält, der Vater, dann hätt er ihn ja gleich nicht vom Hof schaffen brauchen.«

»Recht hast, Klemens«, pflichtet ihm die Bäuerin bei. »Bei dir findet er überall was.«

»Manchmal sagst sogar du ein vernünftiges Wort, Klemens«, sagt der Großvater ohne jeden Spott. »Er hätt wirklich den Anderl nicht vom Hof schaffen brauchen. Und vielleicht hat er es schon lang bereut.«

Der Hartegger aber ist indessen zum Weiher gegangen und schaut nach Kronwitt hinauf. Wenn man nur nicht gar so starrköpfig wäre da oben! Man kann doch von ihm nicht verlangen, dass er hinaufgeht und darum bittet, Frieden zu schließen. Nein, das wird er nie tun. Sie müssen ihm da schon auf halbem Weg entgegenkommen.

Aber man kommt ihm von oben her nicht entgegen. Die Tage und Wochen gehen dahin, es wird tiefer Herbst mit stürmischen, regnerischen Tagen.

19

Um diese Zeit, als Beate sich in ihrem höchsten Glück sonnt, liegt über der weißen Weinherrvilla hinter den entlaubten Gartenbüschen ein schwerer Schatten.

Alfons, der flotte Alfons Weinherr, nunmehr Chef des Hauses Weinherr, dem von seiner Mutter mit Vorschusslorbeeren bestätigt worden ist, dass er ein umsichtiger und genialer Kopf sei, hat das gesamte Barvermögen in ein zweifelhaftes Unternehmen hineingesteckt, das für ihn »todsicher« gewesen ist. Aber nach zwei Monaten ist dieses todsichere Unternehmen pleite gewesen und ein gewisser Herr Loreiner spurlos verschwunden.

Aber erst als Alfons wiederum die todsichere Gewissheit gehabt hat, dass er hereingefallen ist, und zwar so hereingefallen, dass er am Ersten des Monats nicht einmal mehr das Hausmädchen hat entlohnen können, hat er seiner geliebten Mutter telegrafiert, sie möge unverzüglich aus Wiesbaden zurückkommen.

So wird wieder einmal der Familienrat einberufen, der seit Beates Verdammung nicht mehr getagt hat. Und wieder ist es so, dass der Rechnungsrat Wolters bereits über alles informiert ist, viel besser zumindest als Margret Weinherr, die sich von ihrem Sohn Alfons hat einreden lassen, dass doch noch etwas zu retten wäre. Margret hätte die Sitzung durchaus nicht so feierlich zu eröffnen brauchen, als sei alles noch wie vor einem Vierteljahr. Damals wäre das angemessen gewesen, aber heute ist das vorbei.

»Ich weiß, ich weiß«, unterbricht sie der Rechnungsrat sofort, als sie beginnt: »Ich habe euch herbeigebeten …«

»Was weißt du, lieber Bruder?«, fragt Margret Weinherr und zieht die schönen Brauen hoch.

»Ich weiß, dass Alfons in leichtfertiger Weise in eine Firma eingestiegen ist, die ihm von vorneherein schon keine Gewähr dafür hat geben können, dass sie auf einer gesunden und soliden Grundlage aufgebaut ist.«

»So? Warum hast du ihm das nicht gesagt?«, fragt Frau Margret beleidigt.

»Weil er mich erstens nicht gefragt hat und zweitens dann gemeint hat, er bräuchte meinen ungebetenen Rat nicht zu befolgen.«

»Ganz so ist es nicht«, rafft sich Alfons auf. »Ich war todsicher …«

»Es war ganz genau so, wie ich es dir gesagt habe«, unterbricht ihn der Rechnungsrat und seine Frau pflichtet ihm bei. »Du brauchst nichts zu drehen und zu wenden. Du hast nicht nur unvorsichtig, sondern direkt leichtsinnig spekuliert. Man hätte dir überall Aufschluss geben können, wenn du, wie es sich für einen richtigen Geschäftsmann gehört, zuerst Informationen eingeholt hättest.«

»Onkel Theo, ich muss mir verbitten …«

»Verbitte es dir ruhig. Jawohl, tu dir nur keinen Zwang an. Noch dümmer, als die Dummheiten sind, die du schon gemacht hast, kannst du ja doch nicht mehr reden.«

Nun reckt sich Margret stolz auf. Sie hat den Eindruck, dass es an der Zeit ist, dem Sohn beizustehen. »Alfons hat Recht. Sicher hat er im guten Glauben gehandelt.«

»Dann soll er jetzt auch im guten Glauben aus seiner klugen Handlungsweise die Konsequenzen ziehen.«

»Wird er auch, wird er auch, soweit ich ihn kenne.«

»So? Dann würde es mich interessieren, wie er das machen will.«

Frau Margret wendet sich an ihren Sohn. »Wie ist das, Alfons? Sagtest du nicht, dass die Räume noch da wären und einiges Material?«

»Doch, doch, so ist es.«

»Na also«, sagt Margret und sieht sich triumphierend um. »Was hast du denn eigentlich, Theo?«

»Ich habe nur das eine«, antwortet Onkel Theo und räuspert sich erst einmal vernehmlich – »nur das eine, dass alles ganz anders ist. Die so genannten Geschäftsräume waren nur gemietet und sind nie Eigentum dieses Loreiner gewesen. Und was die Geräte anlangt, so hat sie nicht einmal der Steuerfahndungsdienst pfänden können, weil sie gar nicht Eigentum des Herrn Loreiner waren.«

»Ist das wirklich so?«, fragt Margret, nun doch etwas schockiert.

Alfons zuckt die Schultern und weicht ihrem Blick aus. »Onkel Theo scheint mehr zu wissen als ich.«

»Nur gut, wenn du es besser weißt. Warum habt ihr mich dann überhaupt herbeizitiert?«

Margret gibt sich einen Ruck. Sie hat sich von ihrem Schock schon wieder etwas erholt. »Zunächst einmal deshalb, weil hier in diesem Haus niemals schwer wiegende Entschlüsse ohne deine Gegenwart gefasst worden sind. Ich erinnere nur an unsere letzte Zusammenkunft, Beates wegen.«

»Ja, weißt du, liebe Schwester, gerade darüber habe ich in letzter Zeit auch nachgedacht. Ich glaube, dass an Beate nicht recht gehandelt worden ist. Zumindest hätte man sie nicht ganz enterben dürfen, dann wäre jetzt wenigstens ein Teil des Geldes gerettet. Aber hat es noch einen Grund gegeben mich heute beizuziehen?«

»Ja, allerdings«, sagt Margret schnell. »Ich hatte gedacht, dass du, der du doch die Erbschaft damals mit mir geteilt hast, einspringen würdest.«

»Einspringen?«, fragt Onkel Theo und putzt sich umständlich seine Brille. »Erstens bin ich nicht sprunghaft veranlagt und zweitens wüsste ich gar nicht, wo ich einspringen sollte.«

»Nein, das wissen wir wirklich nicht«, sekundiert ihm seine Frau.

Und jetzt erst verliert Margret Weinherr wirklich ihre Fassung. Zunächst starrt sie ihren Bruder verständnislos an, dann wird sie schneeweiß im Gesicht. Kerzengerade sitzt sie und sieht aus wie eine steinerne Statue. Eine ganze Weile sitzt sie unbeweglich, nur die Brauen zucken unruhig. Und dann spricht es aus der Statue heraus: »Aber, wie stellst du dir denn das vor, Theo? Was soll den aus meinem guten Jungen werden?«

»Wie soll ich das wissen, liebe Schwester? Er wird eben arbeiten müssen. Irgendeine Beschäftigung muss er sich eben suchen.«

»Beschäftigung? Das ist gut gesagt. Was denn für eine? Er hat doch nichts gelernt.«

»Das ist natürlich ein grundlegender Fehler deiner Erziehung gewesen. Diesen Vorwurf kann ich dir leider nicht ersparen, liebe Margret.«

»Sag nicht immer ›liebe Margret‹«, fährt sie auf. So von oben herab gibt sie nun zu verstehen, dass der Bruder die Lage doch ein wenig verkenne und vergessen habe, dass sie immerhin eine schöne Pension beziehe.

Der Rechnungsrat steht auf und mit ihm seine Frau. »Hierin hast du Recht. Du hast zweitausendvierhundert Mark Pension und keinen Pfennig mehr. Wie du damit in Zukunft deine mondänen Bäderaufenthalte bestreiten willst, ist mir ein Rätsel.«

»Das geht niemanden etwas an.« Margrets Stimme verrät, dass sie sehr gereizt ist. »Auf keinen Fall, das weiß ich nun, hätte ich von dir eine Hilfe zu erwarten!«

»Wenn du in wirkliche Not kämst«, räumt der Rechnungsrat ein, »dann würde ich selbstverständlich nicht Nein sagen. Ich bin nur nicht bereit, Alfons' leichtfertige Experimente zu unterstützen.«

»Wir bedürfen deiner Unterstützung nicht«, ereifert sich jetzt Alfons, der die ganze Zeit geschwiegen hat.

»Gut, gut«, antwortet Onkel Theo fast heiter. »Niemanden wird es mehr freuen als mich, wenn du dich auf eigene Füße stellst und eine so tapfere Haltung an den Tag legst wie deine Schwester Beate.«

»Was soll denn das nun wieder heißen?«, fährt Margret zornig dazwischen. »Nie mehr ist der Name dieser Abtrünnigen in diesen Räumen gefallen. Du selber hast damals das Dekret unterzeichnet und nun stellst du dich her und wagst ihr Verhalten als eine tapfere Haltung zu bezeichnen. Es fehlt gerade noch, dass du sagst, du seist selber bei ihr gewesen und hättest dich von dieser tapferen Haltung überzeugt.«

»Nein, das habe ich nicht, aber ich habe mich gefreut, als ich davon gehört habe. Ich glaube, ich bin dir noch schuldig, zu erzählen, wie ich es erfahren habe.«

»Erzähle ruhig, aber es interessiert mich nicht.«

»Ein Amtskollege von mir erwähnte einmal zufällig, dass er seinen Urlaub in Lauterkirch verbringen wolle. Lauterkirch, hab ich gedacht, das ist doch der Ort, in dessen Nähe Beate sich aufhält. Ich habe meinen Kollegen gebeten die Fühler ein wenig auszustrecken. Er hat es getan, und was er ermitteln konnte, hat mir Achtung abgenötigt.«

»Ach, Alfons, hast du denn in meiner Abwesenheit nicht darauf gesehen, dass die Kakteen dort Wasser erhalten?«, fragt Margret um damit ihre Interesselosigkeit noch besonders zu unterstreichen.

»Beate und ihr Mann haben es gemeistert«, berichtet der Rechnungsrat weiter. »Von irgendwelcher Seite haben sie Hilfe erhalten und haben sich einen alten Bergbauernhof gekauft.«

»Ja, und wegen dieser Hilfe von irgendwelcher Seite haben wir uns geschämt«, erklärt Tante Hermine. »Weil es nämlich an uns gewesen wäre, zu helfen. Wir können es heute gar nicht verstehen, dass wir so unschön gehandelt haben.«

»Der Teppich ist während meiner Abwesenheit nicht mehr mit dem Staubsauger gereinigt worden«, stellt Margret wieder fest. Aber der Rechnungsrat lässt sich nicht aus dem Konzept bringen.

»Mein Kollege war gerade in Lauterkirch, als in der dortigen Dorfkirche Beates kleiner Sohn getauft worden ist.«

Hier erst fährt Margret Weinherr erschrocken herum und ist brennrot im Gesicht, weil Beate die Frechheit besessen hat, sie zur Großmutter zu stempeln.

»Das ist ja sehr interessant«, bricht es aus ihr hervor. »Und das nennt ihr eine tapfere Haltung?«

»Nicht das allein. Es ist mehr das andere, das mir Respekt abnötigt. Du hast vorhin gesagt, dass Alfons nichts gelernt hat. Beate hat auch nichts gelernt. Aber sie hat es nachgeholt, sie hat sich ihr Glück erschunden und verdient und hat gearbeitet wie eine Magd. Ich schäme mich heute noch, dass ich sie bei der Beerdigung unseres unvergesslichen Erwin so geschnitten habe.«

»Dann schäme dich weiterhin, Bruder, dass du deine Gesinnung wechselst wie ein schmutziges Hemd! Ich danke für euer Kommen. Es wird, so denke ich, das letzte Mal gewesen sein. Ach, Alfons, sieh doch nach, wo Onkel Theo und Tante Hermine ihre Sachen haben. Sie möchten sich empfehlen.«

So viel Taktlosigkeit hätte Theodor Wolters seiner Schwester niemals zugetraut. Es verschlägt ihm direkt die Sprache. Nicht aber seiner Frau.

»Vielen Dank auch für den Kaffee«, sagt Tante Hermine. Und das ist auch eine Taktlosigkeit, denn sie hatten gar keinen Kaffee erhalten.

Die Haustüre drunten fällt ins Schloss. Schritte knirschen auf dem Parkweg. Das Eisentürchen vorne fällt klirrend zu. Und da erst kann Margret Weinherr ihrer Empörung Luft machen.

»Bagage, spießbürgerliche!«, sagt sie und reißt das Fenster auf, als wäre die Luft, die sie über eine Stunde lang mit diesen Spießbürgern zu atmen gezwungen gewesen ist, Gift für sie. »Dass er dich, Alfons, nicht unterstützen will und dein ehrliches Bestreben auch noch heruntergesetzt hat nach Strich und Faden, nehme ich ihm gar nicht so sehr übel. Aber dass er für Be... – ich meine, für deine Schwester – so eindeutig Partei ergreift, das setzt allem die Krone auf. Egal, soll er sitzen bleiben auf seinem dicken Bankkonto. Mitnehmen kann er es doch nicht in die kalte Grube.«

»Nein, das nicht«, sagt Alfons und poliert seine Fingernägel. »Im Übrigen, liebe Mama, wollen wir uns jetzt nicht den Kopf zerbrechen. Irgendwie gibt es schon einen Ausweg. Onkel Theo würde mir zwar am liebsten zumuten, dass ich einen Packträger mache oder einen Bauarbeiter. Aber da täuscht er sich. Ich habe es bisher unter meiner Würde gehalten, im Lotto zu spielen, aber nun werde ich das Glück beim Schopf nehmen. Vorige Woche hat irgend so ein Hilfsarbeiter eine halbe Million gewonnen. Natürlich, immer gewinnen ja die, die es nicht brauchen. Aber nur Geduld, liebe Mama. Ich habe mir schon ein System ausgearbeitet.«

»Ich habe ja Geduld, lieber Alfons. Mich hat nur das dumme Gerede von Onkel Theo geärgert. Im Übrigen, findest du, dass ich mich erholt habe?«

»Du siehst blendend aus, Mama.«

»Ja? Komm, Alfons, wir wollen noch ein bisschen ausfahren. In die Regina-Bar vielleicht. Ich muss irgendeine Zerstreuung haben auf diesen Ärger.«

»Gern, sehr gerne. Bloß – ich habe – es ist nämlich kein Tropfen Benzin mehr im Wagen.«

»Komm nur. Ich habe schon noch Geld und übermorgen ist sowieso schon der Erste.«

Alfons Weinherr findet keinen Ausweg. Seine anstrengendste Tätigkeit besteht in diesem Winter darin, dass er jede Woche ein halbes Dutzend Lottozettel ausfüllt und mit brennender Ungeduld wartet, bis der Samstag kommt um dann erfahren zu müssen, dass er eben nicht gewonnen oder höchstens seinen Einsatz herausgeholt hat.

Der Wagen muss verkauft werden, weil Margret ausgerechnet hat, dass er im Monat auf zweihundertfünfzig Mark kommt, selbst wenn nur wenig damit gefahren wird. Natürlich wird auch das ein Verlustgeschäft. Immerhin bekommt Frau Margret noch achttausend Mark dafür und die will sie eisern zusammenhalten.

Aber als das Frühjahr kommt, bröckeln von der eisernen Reserve die Hunderter nur so weg. Das Dach ist reparaturbedürftig, von den Stadtwerken ist wegen der Strom- und Gasrechnung schon eine Mahnung gekommen. Ganz abgesehen davon, dass man für vierzehn Tage unbedingt einen Mann einstellen muss, der die verwilderten Rosenbüsche und überhaupt den Garten in Ordnung bringt, weil man es Alfons nicht zumuten kann, dass er mit Spaten und Baumschere arbeitet. Zudem versteht er vom Rosensträucherschneiden rein gar nichts.

Eines Tages kommt Alfons ganz aufgeregt nach Hause. »Denke dir, Mama, in der Brudermühlstraße hat ein ganz gewöhnlicher Maurer im Lotto gestern fünfzigtausend Mark gewonnen. Ich möchte schon bald annehmen, dass es hier nicht mit rechten Dingen zugeht.«

»Ich habe mir sagen lassen, dass beim Lotto nicht geschwindelt werden kann, Alfons«, antwortet Margret, die es allmählich satt bekommt, alle Wochen das Geld für die Lottoscheine zu opfern für nichts und wieder nichts.

»Dann weiß ich nicht, was los ist«, meint Alfons. »Wahrscheinlich ist mir dann Fortuna im Augenblick feindlich gesinnt, aber dem Geduldigen fallen eines Tages die Früchte in den Schoß.«

»Ja, das habe ich mir auch gedacht«, antwortet die Mutter schlagartig. »Mir ist schon etwas in den Schoß gefallen. Durch meine guten Beziehungen ist es mir gelungen, bei der Textilfirma Wagner & Co. eine Stelle im Außendienst für dich zu finden. Du bekommst festes Gehalt und Provision.«

Alfons wechselt die Farbe. »Das ist doch nicht dein Ernst, Mama?«

»Doch, Alfons, das ist mein heiliger Ernst. Ich habe nämlich eingesehen, dass es bei meinen zweitausendvierhundert Mark nicht möglich ist, auch noch dich damit über Wasser zu halten. Bei deinem guten Mundwerk dürfte es dir nicht schwer fallen, diesen Posten auszufüllen.«

Alfons hat seine Stirn in nachdenkliche Falten gelegt, zündet sich dann eine Zigarette an und blickt gedankenvoll den Rauchringen nach. »Ausgerechnet jetzt, wo wir keinen Wagen mehr haben. Kannst du dir einen erfolgreichen Außendienstler vorstellen ohne Wagen?«

»Auch daran habe ich bereits gedacht. Wir kaufen einen kleinen gebrauchten Fiat, so um zweitausend Mark herum, bis du so viel verdient hast, dass es wieder zu einem ordentlichen Wagen reicht.«

Wenn Margret Weinherr es persönlich zu spüren bekommt, dann kann sie rücksichtslos sein. Und sie bekommt es zu spüren. Sie hat bereits nach Meran schreiben und das Zimmer abbestellen müssen, weil es ihr einfach finanziell nicht möglich ist, für drei Wochen dorthin zu reisen.

Oh, sie hat gerechnet und gerechnet, und wenn sie zusammenzählt, kommt nichts anderes heraus, als dass doch Alfons an allem die Schuld trägt. Und dann kommt es manchmal vor, dass sie einen richtigen Zorn hat, der alle mütterliche Liebe und alles Umsorgen wegschwemmt. Nicht bei sich sucht sie die Schuld, sondern bei dem Produkt ihrer Erziehung. An ihm läge es ja nun, für seine Mutter zu sorgen, und zwar so zu sorgen, dass ihr in keiner Weise etwas abgeht, dass sie auf nichts zu verzichten braucht und sich keinen Wunsch versagen muss. Leider wird sie heuer nicht auf der Prachtstraße von Cannes spazieren gehen oder am Gesundbrunnen in Wiesbaden stehen. Wenn es gut geht, kann es zum Sommeraufenthalt auf so einem kleinen Bauernhof reichen. Danke schön für so eine Erholung! Und auch das kostet noch ein Heidengeld.

Aber, apropos Bauernhof! Lebt nicht in so einem Bauernhof Beate? Und ist nicht Beate ihre Tochter? Eine abtrünnige Tochter zwar, aber Frau Margret ist bereit die große Geste der Versöhnung zu tun. Sie will der Tochter mitteilen, dass sie geneigt sei ein paar Sommermonate bei ihr zu wohnen.

Seit Frau Margret diesen Gedanken gefasst und fest in sich aufgenommen hat, ist wieder ein neuer Aufschwung in ihr. Wenn sie ein paar Monate umsonst dort leben kann, reicht das Geld im Anschluss auch für einen wirklichen Kurort.

So setzt sie sich eines Tages hin und schreibt an Beate einen Brief.

Liebe Beate!

Es hat mich traurig gestimmt, von fremden Menschen erfahren zu müssen, dass du mich mittlerweile zur Großmutter gemacht hast. Ich bin davon überzeugt, dass es dich merkwürdig berühren mag, von mir diese Zeilen zu bekommen, nachdem du dich so einfach von uns losgesagt hast. Allein die Umstände mögen das entschuldigen und schließlich bin ich ja deine Mutter und du bist mein Kind. Nun kann ich ja leider nicht wissen, inwieweit du an unserem Schicksal interessiert bist. Ich schäme mich nicht, unumwunden einzugestehen, dass wir mit einem Schlag arme Leute geworden sind. Alfons – ich kann ihm keinen Vorwurf machen – hat das Beste gewollt, als er unser Vermögen todsicher investiert hatte. Leider ist er einem Schwindler zum Opfer gefallen. Aber nichts währt ewig auf dieser Welt. Es wird sich wieder wenden, wenn wir uns augenblicklich auch ein wenig einschränken müssen. Was mich als Mutter am meisten schmerzt, ist das, dass Alfons nun am Morgen auf seine Leberpastete verzichten muss. Und er hätte als Außendienstmitarbeiter ein gutes Frühstück doch so notwendig. Du bist wohl nicht in der Lage, uns wenigstens ab und zu einen guten Bauernschinken zu schicken? Überhaupt ist der Sinn meiner Anfrage der, ob es dir angenehm ist, wenn ich auf etwa sechs Wochen zu dir komme. Du hast deiner Mutter sehr wehgetan, aber ich bin bereit dir zu verzeihen. Ich erwarte umgehend deine Antwort und denke, dass ihr schon ein Wägelchen haben werdet um mich an der Bahn abzuholen, denn unseren Wagen benötigt Alfons auf seinen Reisen.

Mit Gruß!
Deine Mutter.

Als Margret Weinherr den Brief fertig hat, liest sie ihn nochmals genau durch, ob sie sich darin nichts vergeben hat. Dann verschließt sie ihn und bringt ihn zur Post. Anschließend trifft sie sich mit einer alten Freundin im Café und jammert mit ihr über die schlechten Zeiten.

Um diese Zeit ist es, dass Andreas für drei Wochen wegfahren will um ein weit entferntes Waldstück abzuholzen, das ihm unerwarteterweise eine Tante, eine Schwester seiner Mutter, vererbt hat. Diese Erbschaft – Andreas erfährt, dass die Tante es nur aus Wut auf die Harteggerischen getan hat – verändert Andreas' Lage mit einem Schlag. Nun kann er seinen Stall voll machen.

Beate hat den Brief ihrer Mutter erhalten und geht recht nachdenklich umher. Andreas hat ihr gesagt, dass er nichts dagegen habe, wenn ihre Mutter auf sechs Wochen käme. Ein Angebot, das Beate von sich aus sofort weit zurückschiebt. Nur einen Tag braucht sie, um mit sich selber ganz klar zu werden, dann setzt sie sich hin und schreibt die Antwort.

In Beantwortung deines Briefes möchte ich zunächst einen grundlegenden Irrtum richtig stellen. Nicht ich bin es gewesen, die sich von euch losgesagt hat, sondern ihr habt mit mir gebrochen. Ihr habt mich räudiges Schaf, das ja stets gewisse Neigungen nach unten gespürt hat, wie du dich immer auszudrücken beliebtest, aus eurer Gesellschaft ausgestoßen und enterbt. Dass mir daher dein Schreiben merkwürdig erscheint, kann ich dir nur bestätigen. Gewundert hat mich nur, dass dein Mustersohn Alfons es fertig gebracht hat, das immerhin große Vermögen so leichtsinnig aufs Spiel zu setzen. Ich habe mir ein neues Leben aufgebaut, mein Weg ist mühevoll gewesen und steil. Ich habe dazu keine Leberpastete am Morgen benötigt. Milch und schwarzes Bauernbrot haben mir genügt. Du schreibst, ob ich in der Lage wäre, dir gelegentlich einen Bauernschinken zu schicken. Leider betreiben wir in erster Linie Milchwirtschaft, sodass bei uns nur ganz selten geschlachtet wird. Schweine haben wir überhaupt nicht.

Und nun zur Hauptsache. Du schreibst, ob du nicht auf sechs Wochen zu mir kommen könntest und dass du bereit wärst mir zu verzeihen. Entschuldige bitte, was willst du mir denn verzeihen? Das ich es gewagt habe, euch einen Grund zu geben, euch meiner zu schämen, als ich an Vaters Grab gestanden bin? Habt ihr mich damals kennen wollen? Nein, unsere Wege haben sich getrennt. Und zwar für immer. Mein Glück ist so ruhig und verlässlich. Es ist eine Gemeinsamkeit von Vater, Mutter und Sohn. Ein Viertes würde in diesem Kleeblatt nur stören und außerdem haben wir noch keinen Wagen, der dich an der Bahn abholen könnte.

Beate Rieser
Bäuerin von Kronwitt.

Beate zeigt ihrem Andreas den Brief, bevor sie ihn wegschickt. Der schaut sie betroffen an. Beate hat plötzlich eine neue Seite ihres Wesens vor ihm aufgeschlagen. So hat er sie bisher nicht gekannt.

»Meinst du, dass du nicht ein bissel zu hart bist?«, fragt er.

Fast leidenschaftlich schüttelt Beate den Kopf. »Nein, Andreas, du weißt nicht, was mir diese Frau angetan hat.«

»Das weiß ich nicht. Ich meine nur – es ist doch deine Mutter.«

»Ich hätte auch nie geglaubt, dass einem eine Mutter fremder werden kann als eine Fremde.«

Andreas zuckt die Schultern. »Mir ist es gleich, ob sie kommt oder nicht. Du sollst nur nicht glauben, dass du auf mich Rücksichten nehmen müsstest, oder dass es mir nicht recht wäre.«

»Ich habe den Weg nicht verschüttet, Andreas, und habe keine Veranlassung ihn wieder freizuschaufeln. Wir leben in Frieden und diesen Frieden will ich mir nie mehr stören lassen. Das ist der wahre Grund, Andreas.«

Zwei Tage später, an einem Montagmorgen, bricht

Andreas auf zum Holzschlag. Er wird erst am Monatsende wiederkommen.

»Gib mir auf den Buben gut Obacht«, sagt er zum Abschied, sieht sich schnell um, ob niemand in der Nähe ist, dann reißt er sie an sich und küsst sie so stürmisch, als wäre es ein Abschied auf Jahre hinaus.

Als Beate wieder zurückgeht ins Haus, hört sie hinter sich ihren Namen rufen. Es ist der Großvater, der ihr heftig winkt, dass sie auf ihn warten solle.

»Brauchst mich doch«, lacht er, als er bei ihr ankommt. »Ohne Mannsbild ist so ein Hof wie eine Suppe ohne Salz. Bis der Anderl wieder ganz daheim ist, bleib ich bei dir.«

20

Das Frühjahr kommt zaghaft. Andreas hat gemeint, bis dahin wieder daheim sein zu können, aber die Arbeit im Holzschlag hat sich über die Zeit hinaus erstreckt. Daher muss der Großvater viel mit anpacken, als die Frühjahrsarbeit beginnt.

Als urewiger Bauer geht er über das Land und sein weißes Haar leuchtet in der jungen Frühlingssonne.

Eines Mittags kehren sie vom Säen auf dem Lerchenacker gerade auf den Hof zurück. Und da geschieht das Entsetzliche.

Beate lässt den Buben in seinem Wägelchen vor der Stalltüre stehen und geht kurz hinein um nach den Kühen zu sehen. Es dauert keine drei Minuten, aber als sie herauskommt, erschrickt sie furchtbar und schreit entsetzt auf. Das Wägelchen hat sich selbstständig gemacht – eine kleine Bewegung des Kindes kann die Ursache gewesen sein – und rast nun mit dem kleinen Andreas in toller Fahrt den Hang hinunter, direkt auf einen Baum zu, an dem es nun im nächsten Augenblick krachend zerschellen muss. In tödlichem Entsetzen schlägt Beate die Hände vors Gesicht. Die Knie wanken ihr …

Nein, man hört kein Splittern und Krachen. Das Wägelchen ist wie durch ein Wunder am Stamm vorbeigekommen, aber nun saust es in toller Fahrt dem Weiher zu und muss in den nächsten Minuten im Wasser versinken.

Beate beginnt den Berg hinunterzurennen. Im selben Augenblick aber rennt aus dem Tennentor des Harteggerhofes ein Mann heraus. Es ist der Bauer selber. Mit weiten Sätzen eilt er dem Wägelchen entgegen, steht dann fest wie ein Baum, den Oberkörper vorgeneigt, die Arme ausgestreckt. So prallt das Wägelchen gegen ihn mit einer solchen Wucht, dass er in die Knie bricht. Aber im Fallen noch greift sein Arm blitzschnell nach dem erschrockenen Kind, das erst nach diesem Aufprall zu schreien beginnt.

Es ist wahrhaftig ein Wunder. Dem Kind ist nichts geschehen.

Da kommt auch schon Beate dahergestürmt. Atemlos steht sie vor dem Hartegger und streckt zitternd die Arme aus.

Er reicht ihr den Kleinen hin. »Gar nichts ist ihm passiert«, sagt er.

Unter Weinen und Lachen drückt sie das Kind an sich und wagt nicht mehr aufzublicken vor Scham, weil der Mann vor ihr steht, der sie aus seinem Hof gejagt hat, dem sie aber nun zu tiefstem Dank verpflichtet ist.

»Ich weiß nicht, wie es hat geschehen können«, sagt sie zaghaft. »Es war sehr unverantwortlich von mir.«

»Mach dir keinen Vorwurf, die Hauptsach ist, dass nichts passiert ist.«

»Das habe ich dir zu verdanken.« Beate blickt auf und

macht eine scheue Geste, als ob sie ihm die Hand reichen wollte. »Um Gottes willen, du blutest ja!«

»Bluten? Wo denn? Auch so, an der Hand da.« Er leckt mit der Zunge das Blut fort. »Da muss ich mich an der Deichsel gerissen haben. So ein kleiner Aderlass schadet mir nichts.« Er lächelt und geht.

»Aber – aber«, stottert Beate, »es ist doch hoffentlich nichts Schlimmes? Und dann – recht herzlichen Dank – Vater ...«

Dem Hartegger gibt es einen Riss. Er dreht sich um und kommt zurück.

»Sag das noch einmal.«

Beate steht wie von Blut übergossen. Sie weiß selbst nicht, wie ihr dieses »Vater« von den Lippen gesprungen ist. Vielleicht hat sie von ihrem Herzen einen Stoß empfangen, das zu sagen.

»Recht vielen herzlichen Dank«, wiederholt sie.

»Das andere hätte ich noch mal hören wollen, das letzte Wörtl.«

Beate hebt den Blick zu ihm. Ihre Augen schimmern feucht. »Vater ...«, sagt sie leise.

Der Hartegger nickt ein paar Mal vor sich hin.

»Das ist ein schönes Wörtl. Ich dank dir schön dafür. Und wenn du nichts dagegen hast, ich möchte gern am Abend noch mal nachsehn, ob ihm wirklich nichts fehlt – unserm Buben.«

»Was sollte ich denn dagegen haben?«

Da nickt er wieder und geht davon. Beate sieht nicht mehr, wie auch in seine Augen ein feuchter Glanz gekommen ist.

Am späten Abend, es ist bereits dunkel, kommt er tatsächlich noch auf den Kronwitthof. Der kleine Andreas liegt gerade splitternackt auf der Ofenbank und wird von seiner Mutter in frische Windeln gepackt.

»Ja, also, dann fehlt ihm wirklich gar nichts«, sagt der Hartegger doch recht verlegen. »Gott sei Dank, dass ihm nichts fehlt«, wiederholt er, neigt sich über das Kind und betrachtet es so genau, als habe er nie in seinem Leben ein kleines Kind gesehen. Dann zieht er aus seiner Jackentasche ein paar rotbackige Äpfel, die er dem Buben hinlegt.

»Sind nicht mehr viel da von denen«, sagt er dabei.

»Aber geh«, lacht Beate. »Die kann er doch noch gar nicht essen.«

»Freilich, auf das hab ich gar nicht denkt«, meint der Hartegger. »Aber wenn ich demnächst in die Stadt komm, dann kauf ich ihm ein paar Schepperln, gell, Buberl.«

»'s Maul halten jetzt, die Nachrichten kommen«, schreit der Großvater und rückt seinen Stuhl noch näher an den Fernseher hin, dessen voll aufgedrehter Lautsprecher durch die Stube dröhnt.

Beate bringt mittlerweile den Kleinen ins Bett. Als sie aus der Kammer zurückkommt, schaltet der Großvater gerade den Fernseher aus, stopft sein Pfeiflein und zwinkert seinen Sohn, der ein wenig hilflos im Ofenwinkel sitzt, listig an.

Dann sagt er: »Wie gefällt es dir denn heroben? Darfst schon in den Stall auch 'nausschauen. Recht lang dauert's nicht mehr, dann wird Kronwitt so dastehn wie der Harteggerhof drunten.«

»Ja, ja«, nickt der Hartegger und schaut auf den Fußboden. Nach einer Weile fragt er: »Wann kommt denn der Anderl zurück?«

»Am Samstag«, antwortet Beate.

»Wurmt es dich, dass die Antretter-Base dem Andreas so viel Holz vermacht hat?«, stichelt der Großvater.

»Du kannst mir viel nachsagen, Vater, bloß Neid kannst mir nicht nachsagen. Ich vergönn es ihm.«

»Ja, ja, die hat halt einen Charakter gehabt, die Antretter-Bas. Die hat schon gewusst, wer es braucht und wer es nicht braucht.«

»Soll das vielleicht heißen, dass ich keinen Charakter hab?«, fragt der Hartegger beleidigt.

»Das hab ich nicht gesagt«, meint der Großvater. »Nein, nein, ich will gerecht sein und – es ist doch ein ganz schöner Zug von dir, dass du jetzt wenigstens da raufkommst. Freilich ist es dumm, dass du so spät zur Einsicht kommst.«

»Großvater, wir wollen froh sein, dass es so ist«, sagt jetzt Beate und setzt sich neben den Hartegger. »Andreas wird sich sicher auch freuen.«

»Ich weiß nicht, ob er sich freuen wird«, meint der Hartegger etwas unsicher.

»Doch, das weiß ich ganz genau«, behauptet Beate. »Wenn er auch nie etwas gesagt hat, ich habe es doch gefühlt, wie schwer er an der Feindschaft trägt.«

»Er hätt halt auch nicht gleich so trotzköpfig sein sollen«, antwortet der Bauer.

Da steht Beate auf. »Ich will dir einmal etwas sagen, Vater. Andreas hat nicht anders handeln können, als er damals gehandelt hat. Hätte er sich deinem Willen gefügt, wäre er nicht dein Sohn gewesen. Um mich ging es dabei ja gar nicht mehr. Ich wollte fortgehn um ihm den Zwiespalt mit seinem Vater zu ersparen. Heute bin ich froh und dankbar, dass Andreas mich noch zurückgeholt hat. Wie es auch gewesen ist, du magst Recht oder Unrecht gehabt haben, ich weiß nur eines, diese Stunde heute am Weiher unten hat alles ausgelöscht und wir wollen nie mehr von dem sprechen, was uns einmal getrennt hat.«

Da steht auch der Hartegger auf und tastet nach ihrer Hand. »Und das sagst du – ausgerechnet du? Du bist doch viel besser, als ich gemeint hab. Nun ist es an mir, dir zu danken.«

Dann greift er rasch nach seinem Hut und geht in die Nacht hinaus.

Beate schließt hinter ihm die Haustüre ab und geht in die Küche, wo sie noch das Geschirr abspülen muss. Durch die dünne Wand hört man Musik aus dem Fernsehapparat, den der Großvater wieder eingeschaltet hat.

Als in der Küche wieder alles sauber und ordentlich ist, läuft der Fernseher immer noch. Sie geht hinüber in die Stube um den Großvater zu gemahnen, dass er sich schlafen legen solle.

»Komm, Großvater, es ist Schlafenszeit.«

»Großvater – so hör doch, schlafen gehen wir«, sagt nun Beate ziemlich laut. »Hörst du denn nicht, Großvater?«

Nein, der Großvater hört nicht mehr. Der uralte Harteggerbauer Andreas Rieser ist tot. Er sitzt in seinem Dämmerwinkel, als sei er nur eingeschlafen. So meint Beate zunächst auch noch. Sie beugt sich ein wenig vor, fasst nach seiner Hand und – stößt einen Schrei aus.

Kalt ist diese Hand, die noch den Stecken umklammert hält. So kalt und starr …

Beate verlässt erschrocken wieder das Zimmer und läuft eilig zum Harteggerhof hinunter.

Die Aufregung, die dort unten jetzt entsteht, bekommt auch der Klemens mit, der gerade hat einschlafen wollen. Schon will er hinunterschreien: »Was geht denn das alles uns an?«, als er sich noch besinnt, dass er den Vater erst am späten Abend von Kronwitt hat heimkommen sehen.

So tut er das, was ihm der Augenblick eingibt, kleidet

sich schnell an und steht bereits im Flur unten, als der Hartegger aus seiner Kammer kommt.

»Wenn du nichts dagegen hast, Vater, dann geh ich mit.«

Der Hartegger nickt nur stumm und öffnet die Haustüre.

So geht Klemens eben mit und es stört ihn weiter gar nicht, dass Beate sich benimmt, als kenne sie ihn nicht.

Beate erzählt dem Hartegger, wie sie den Großvater angetroffen habe und dass er schon tot gewesen sein müsse, noch ehe er, der Hartegger, zu Hause angekommen sei.

Die Hände des Großvaters sind schon so starr, dass der Hartegger sie nur mit Mühe über der Brust zusammenfalten kann. Dann tragen sie ihn in die Kammer hinaus und legen ihn aufs Bett. Klemens zündet ein paar Kerzen an, die die Beate herbeigebracht hat. Er tut überhaupt recht geschäftig und hat viel verloren von seiner früheren Keckheit.

»Mehr können wir für heut nicht mehr tun«, sagt der Hartegger. »Du, Klemens, fährst morgen früh gleich zum Doktor, dass er kommt und den Totenschein ausstellt. Und was weiter zu tun ist in dem Fall, das mach ich schon. Du brauchst dich um nichts kümmern, Beate. Bloß der Anderl müsst verständigt werden.«

»Mir macht es nichts aus«, erbietet sich Klemens sofort. »Mit dem Motorradl bin ich bald dort.«

Beate sieht den Klemens jetzt zum ersten Mal an. »Wenn du es tun möchtest, es wäre mir recht, Klemens.«

»Freilich, da gibt's gar nichts«, beeilt sich der Klemens zu versichern. »In so einem Fall, da muss man zusammenhelfen, weißt.«

Das Wort vom »Helfen« berührt Beate sehr wohltuend. Ihre Trauer um den Alten ist groß, aber sie wird gemildert durch die Tatsache, dass über sein Sterben hinweg auch eine Feindschaft sterben will.

Eine Stunde später gehen der Hartegger und der Klemens wieder zu ihrem Hof hinunter.

»Schnell hat er jetzt wegmüssen«, sagt der Hartegger einmal nachdenklich. »Und ist nie in seinem Leben eine Stund krank gewesen. So ein Sterben möcht ich mir auch noch wünschen.«

»So alt werd ich nicht«, meint der Klemens zweifelnd.

»Da kannst Recht haben – bei deinem Lebenswandel …«

»Ist nicht mehr so, Vater. In letzter Zeit wirst mir nichts mehr nachsagen können.«

Da bleibt der Hartegger stehen und sucht in der Dunkelheit die Augen seines zweitgeborenen Sohnes. »Eigentlich stimmt's. Aber dir trau ich nicht recht. Irgendwas steckt dahinter. Immer, wenn du recht süß und freundlich warst, hast was am Kerbholz gehabt. Oder steckt ein Frauenzimmer dahinter?«

Klemens gibt zu, dass es sich um so etwas handeln könne.

Der Hartegger antwortet sofort darauf: »Ich hab mir geschworen, dass ich meine Nase in solche Sachen nicht mehr hineinsteck. Die Sach mit dem Anderl und der Steinleitner-Veronika ist mir eine Lehr gewesen. Aber bei dir ist es doch etwas anderes, bei dir muss ich schon selber nach der Rechten schaun.«

Klemens antwortet nichts mehr. Aber er hat einen Plan und will nur die Gelegenheit abwarten ihn auszuführen.

21

Selten hat der Friedhof in Lauterkirch so viele Menschen gesehen wie bei der Beerdigung des alten Harteggvaters. Aus nah und fern strömten sie herbei und warten am Dorfeingang auf den Leichenkondukt, der vom Berg herunterkommt.

Voraus geht der Kaplan mit den Ministranten. Dann kommt das Pferdegespann, auf dessen Wagen der Sarg aus hellem Eichenholz liegt. Hintennach gehen in der ersten Reihe der Hartegger, zu seiner rechten Seite Andreas und zur linken der Klemens. Dann folgen einträchtig nebeneinander die Tochter Biggi und die Schwiegertochter Beate. Die Harteggerin hat ihrer schlechten Füße wegen daheim bleiben müssen. Unterwegs haben sich von den Einöden noch die Nachbarn angeschlossen. Die Hauptmasse aber, mit dem Pfarrer, dem Kriegerverein und dem Trachtenverein, wartet vor dem Dorfeingang. Die Glocken beginnen mit tiefem Klang zu läuten. Die Blaskapelle spielt einen Trauermarsch, die Fahnen der Vereine flattern im Wind.

Nach der Kirche trifft sich die Verwandtschaft im großen Nebenzimmer des Stiefelwirts. Und da können es nun wirklich alle sehen, dass der Hartegger sich mit seinem Sohn Andreas versöhnt hat. Nur beim Klemens kennt man sich nicht recht aus. Er sitzt bald da und sitzt bald dort, bis es ihm endlich gelingt, an die Seite seiner Schwägerin Beate zu gelangen. Zuerst sagt er gar nichts und sie sagt auch nichts. Dann öffnet er bedächtig den Deckel seines Stammkrügels, bläst den Schaum ab und trinkt. Genauso bedächtig schließt er den Deckel wieder und sagt:

»Ja, ja, so geht's auf der Welt. Da isst und trinkst und auf einmal haut's einen 'nunter übers Stangerl.«

Beate will ein Lachen ankommen, doch sie unterdrückt es. Sie fühlt auch, dass dieses Gerede einen anderen Hintergrund hat.

»Bei deinem Alter denkt man an so etwas nicht«, sagt sie.

»Ja mei, was kannst oft sagen. Manchmal ist es so, dass auch einen Jungen der Verdruss umbringen kann.«

»Verdruss? Seit wann hast du Verdruss?« Sie sieht ihn aufmerksamer an. »Du hast was auf dem Herzen, Klemens. Raus damit, wenn es dich erleichtert.«

Er druckst zuerst noch eine Weile herum. Dann sieht er sie an. »Ich weiß schon, Beate, dass du einen Zorn auf mich hast.«

»Zorn? Auf dich? Klemens, ich habe längst alles vergessen, was war.«

»Aber helfen wirst mir doch nicht wollen?«, fragt er zweifelnd.

»Wenn ich kann, warum denn nicht?«

»Grad du kannst es. Der Vater lobt dich jetzt wie den Schellnkönig und sagt mir hundertmal vor, dass ich eine solche haben müsst, wie du eine bist. Und nun hätt ich so was Ähnliches – das heißt, an dich kann die Agnes natürlich nicht heran –, aber ...«

»Jetzt mach aber einen Punkt, Klemens. Um was handelt es sich?«

»No ja, jetzt tät ich halt eine kennen, die mag ich damisch gern. Heut war sie auch bei der Beerdigung da. Du wirst sie nicht gesehen haben. Ganz hint ist sie gestanden, deine Größ hat sie und dunkelblond ist sie. Aber der Vater meint absolut, er müsst mir eine suchen.«

»Und was soll ich dabei tun?«, fragt Beate gespannt.

»Du sollst ihm halt sagen, dass die Anges für mich die Richtige wär und so weiter.«

»Und was krieg ich für den Kuppelpelz?«, fragt Beate lachend.

»Wenn alles klappt, liegt mir an einem Hunderter gar nichts daran.«

»Da müsste ich das Mädl zuerst einmal kennen.«

»Um das dreht sich's ja. Wenn es dir recht ist, tät ich ihr sagen, sie soll am Sonntagnachmittag nach Kronwitt kommen. Da kannst dir sie anschaun und aushorchen.«

»Anschaun will ich sie mir schon, aber aushorchen nicht, Klemens. Ich will dir meine Meinung ganz offen sagen, auch wenn sie dir nicht passen sollte.«

»Die wird dir gefallen, das weiß ich«, sagt der Klemens und fasst unter dem Tisch nach Beates Hand. »Sind wir jetzt wieder ganz gut, Beate?«

»Ganz gut«, bestätigt sie ihm und entzieht ihm ihre Hand rasch.

Dann wird der Kalbsbraten aufgetragen. Vorne am Tisch sitzt der Hartegger und sieht scharf darauf, ob jedes auch eine richtige Portion vorgesetzt bekommt, weil er nicht Lust hat, sich hernach ausrichten zu lassen. Und da er doch der Zahlende ist heute, hat er auch ein Recht anzuschaffen.

Neben ihm sitzt sein Sohn Andreas und erzählt ihm während des Essens, dass er sich einen Kreiselmäher kaufen werde, eine vollautomatische Melkanlage und ein Gebläse für die Tenne. Es tut ihm offensichtlich wohl und ist ihm eine Genugtuung, seine Pläne vor dem Vater so großartig auszubreiten.

»Donnerwetter«, sagt der Alte. Nichts weiter als »Donnerwetter«. Dann schneidet er seinen Braten in kleine Stücke, gibt Kartoffelsalat dazu und beginnt zu essen. Wer ihn kennt, der müsste sehen, dass dieser Mann heute ganz aufgelockert ist. Immer wieder gleitet sein Blick zum andern Tischende, wo Beate mit dem Klemens sitzt.

Da sagt Andreas mittendrin: »Eigentlich bin ich dir

noch großen Dank schuldig, Vater, dass du mir meinen Buben gerettet hast.«

Dem Hartegger bleibt fast der Brocken im Mund stecken. »Wer hat dir denn das gesagt?«

»Die Beate.«

»Was? Wir haben doch ausgemacht, dass du nichts erfahren sollst!«

»Denkst du, dass Beate jemals ein Geheimnis vor mir haben kann?«

Der Alte nickt und führt wieder einen Brocken zum Mund. »Du hast ein großes Glück gehabt, Bub. Schad, dass ich das jetzt erst weiß.«

»Hauptsache ist, wenn man ein Unrecht einsieht, es ist ganz gleich, wann man es einsieht.«

»Dank schön. Jetzt hast mir mit dem Holzhammer eine draufgehaut. Aber weil wir schon im Reden sind jetzt, Anderl, ich denk Tag und Nacht darüber nach und denk mir, das heißt, ich könnt mir schon vorstellen, dass du den Hartegghof übernähmst.«

Da lächelt Andreas ganz still und beglückt. Dann legt er Messer und Gabel fort und fasst nach des Vaters Hand. »Für das Wort dank ich dir, Vater. Es freut mich, dass du es gesagt hast. Aber heut will ich den Hartegghof gar nicht mehr.«

»Was? Du willst den Hartegghof nicht mehr?«

»Nein, Vater. Heut ist mir Kronwitt schon so ans Herz gewachsen, dass ich nicht mehr fortgehn will von dort. Es ist etwas, das ich mir selber aufgebaut hab in Not und in Sorge. Mit keiner anderen hätte ich das fertig gebracht. Die Beate ist über sich selber hinausgewachsen in der schweren Zeit. Die Lieb hat uns die Kraft gegeben und hat uns die Zähne zusammenbeißen lassen, wenn es manchmal arg mühsam gewesen ist.«

Der Hartegger ist nun mit dem Essen fertig und

wischt sich den Mund ab. »So eine bräucht der Klemens auch«, sagt er. »Dann wär ich eher bereit ihm den Hof zu geben.«

In diesem Augenblick setzt sich auch die Biggi an die andere Seite von Andreas und will damit bekunden, dass auch sie von einer Feindschaft nichts mehr wissen will. Nein, sie tut überhaupt so, als wäre nie eine Unstimmigkeit gewesen, und sagt ganz einfach: »Warum kommt ihr denn gar nie zu uns, ihr zwei?«

»Es hat uns noch niemand eingeladen«, antwortet Andreas.

Die Biggi richtet das verrutschte Schultertuch und weicht aus. »Nicht? Ich hab gemeint, ich hätt euch einmal geschrieben.«

»Kann schon sein«, meint Andreas. »Vielleicht ist der Brief bei der Post verloren gegangen.«

Im Hinausgehen klopft der Hartegger dem Klemens einmal auf die Schulter und sagt wohlmeinend: »Sauf nicht wieder recht in die Hitz hinein, sonst bist auf die Nacht voller Rausch.«

Die Warnung ist nicht ganz unnötig, denn Klemens hat bereits die fünfte Halbe. Als die Kellnerin zum sechsten Mal sein Krügel füllen will, sagt Beate mit aller Freundlichkeit der Welt:

»Nichts mehr! Der Klemens trinkt lieber ein Selterswasser, nicht wahr, Klemens?«

Klemens schaut sie zuerst ganz verdutzt an. Dann lacht er. »Wasser? Prrrr!« Er schüttelt sich wie ein nasser Pudel. »Aber hast Recht, schöne Schwägerin. Vom Wasser kriegt man lichte Augen.«

Und so kommt es, dass der Klemens am Abend fast nüchtern und in satter Zufriedenheit mit den andern über den Berg hinaufgeht.

Am Sonntag packt er es ganz schlau an, der Klemens. Er bringt die Burger-Agnes mit seinem Motorrad auf Umwegen nach Kronwitt, fährt dann heim und wartet in aller Seelenruhe, bis der Vater seinen Mittagsschlaf beendet hat.

Dann sagt er: »Der Anderl hat grad runtergeschickt, du sollst ’naufkommen.«

»Soso?«, sagt der Hartegger und reibt sich schnell den Schlaf aus den Augen. Es freut ihn kindlich, dass es endlich so weit ist, dass man von droben nach ihm schickt. Fünf Minuten später steigt er bereits den Berg hinauf.

Sitzt da auf Kronwitt ein ihm völlig fremdes Mädl in der Stube, wo gerade Kaffee aufgetragen wird.

»Wir haben uns gedacht, Vater«, sagt Beate, »du sollst mit uns Kaffee trinken.«

»Kaffee? Na ja, warum nicht? Aber ich bitt mir aus, dass ihr dann am nächsten Sonntag zu mir ’nunterkommt.«

Das fremde Mädchen schenkt ihm ein und er sagt: »Danke.« Sie hat ein ebenmäßiges, gesundes Gesicht und fröhliche Augen, die ihm gefallen. Das fremde Mädchen gibt ihm nun auch Zucker in seinen Kaffee und legt ihm ein Stück Kuchen auf seinen Teller. Das alles hat sie vorher mit Beate abgemacht. Und es ist doch so, dass der Hartegger nun notgedrungen fragen muss, wer sie eigentlich ist.

»Von wem bist denn du, Dirndl?«

»Vom Burger in Süfflberg.«

»Soso. Gibt’s in Süfflberg so saubere Madln?«, scherzt der Hartegger. »Das hab ich noch gar nicht gewusst.«

»Der Klemens hat das schon lang gespannt«, wirft der Andreas ein.

»Der Klemens?«, fragt der Hartegger erstaunt und sieht das Mädchen an. »Kennst den vielleicht auch?«

»Wer kennt den Klemens nicht?«, fragt Andreas.

»Er sieht sogar dir gleich«, sagt das Mädchen aus Süfflberg. »Als du jung warst, musst du genauso sauber gewesen sein. Das heißt, du bist heut auch noch ein stattlicher Mann.«

Alle brechen in ein herzhaftes Lachen aus. Am lautesten lacht der Hartegger. Er ist noch nicht so alt, dass ihm eine Schmeichelei aus einem so schönen Mund nicht gefallen könnte.

»Du hast dein Mundwerk am rechten Fleck«, sagte er dann, als er wieder zu Atem gekommen ist. »So eine braucht mein Klemens. Die macht ihn zahm!«

»Dir wär ich ja doch zu gering«, lacht die Agnes. »Mehr als achtzigtausend Mark krieg ich nicht mit. Unser Sachl ist nicht so groß, weißt.«

»Geld ist zum Glück nicht unbedingt nötig«, sagt Beate. »Oder bist du anderer Meinung, Vater?«

Jedes Mal, wenn Beate Vater zu ihm sagt, wird sein Herz weich und friedsam.

»Geld? Na ja, es is gut, wenn man eins hat, aber es ist nicht unbedingt nötig«, räumt er ein.

»Siehe bei uns«, meint Andreas mit leisem Spott.

Da kommt wie von ungefähr der Klemens am Fenster vorbeigeschlendert. Wenig später öffnet er die Stubentür. »Ist es erlaubt?«, fragt er und setzt sich neben das Mädchen aus Süfflberg. Die schenkt auch ihm Kaffee ein und sagt dann:

»Ich weiß gar nicht, was du hast, Klemens. Dein Vater ist ja gar nicht so schlimm, wie du immer tust. Ich find, dass er ein recht netter Mensch ist.«

Der Hartegger zieht die Brauen hoch. Was ist denn das? Er schaut Beate an, dann schaut er die Agnes an. Ein netter Mensch soll er sein. Ist er denn jemals ein Unmensch gewesen? Ja, ja, nickt er sich selber zu und erkennt in dieser Minute so deutlich wie noch nie, dass er nicht immer gerecht gedacht hat. Aber hier hat man anscheinend etwas eingefädelt und ein feines Netz gesponnen, in das er nun hineingehen soll. Aufstehend sagt er:

»'s Kaffeetrinken war also nicht der einzige Grund, warum ich hab da raufkommen müssen.«

Schweigen. Die fröhlichen Augen des Mädchens blicken ihn jetzt fast bittend an. Klemens hat den Kopf gesenkt. Andreas zündet sich umständlich eine Zigarre an und Beate nimmt den kleinen Andreas aus der Wiege, in der er seinen Mittagschlaf gehalten hat. Damit tritt sie vor den Hartegger hin und sagt:

»Die Wahrheit ist, Vater, dass du die Agnes kennen lernen solltest. Wir selber haben sie erst heute kennen gelernt. Sie hat einen gesunden Verstand und das Herz auf dem rechten Fleck. Mehr will und darf ich zu der Sache nicht sagen.«

»Das langt mir auch«, poltert der Hartegger los und sieht das Mädchen mit den fröhlichen Augen wieder an. »Darum bist du mir gleich so um den Bart gestrichen! Ihr seid mir schon eine Bagasch, alle miteinander! Zur Straf verlang ich jetzt, dass ihr alle mit mir auf den Hartegghof hinuntergeht.«

Da legt Beate den kleinen Andreas in die Arme des großen Andreas, legt dann ihre Arme um den Hals des Schwiegervaters und küsst ihn auf den Mund.

»So ist's recht«, nickt der Alte fröhlich. »Aber gut sind sie, deine Bussln. Jetzt kann ich schon verstehn, Anderl, dass du sie nicht mehr hast auslassen können.« Er schaut die Agnes an und zwinkert mit den Augen. »Was ist dann mit dir, Süfflbergerin? Krieg ich von dir auch eins?«

Und da bekommt das Mädchen aus Süfflberg wirklich ganz fröhliche Augen, nimmt ihn um den Hals und küsst ihn ebenfalls.

»Auch nicht von schlechten Eltern«, lacht der Hartegger. »Klemens, ich mein, die bist du gar nicht wert. Und jetzt geht's weiter. Ganz dürfen wir die Mutter doch nicht ausschließen von der großen Neuigkeit.«

Alle zusammen wandern sie zum Hartegghof hinunter. Voraus der Hartegger mit dem kleinen Andreas auf dem Arm.

Die Wochen vergehen und die Monate. Im Sommer hält Klemens Hochzeit mit dem Mädchen aus Süfflberg, die dem Schwiegervater absolut nicht böse ist, dass er den Hof noch nicht ganz aus den Händen geben will. Der Klemens soll erst zeigen, ob er wirklich der Kerl geworden ist, dem man ein so schönes Erbe übergeben kann. Und es hat später ganz so den Anschein. Ein völlig gewandelter Klemens geht über die Felder und Wiesen. Er nimmt es sogar mit seinem Versprechen ganz ernst und trägt eines Tages Beate die versprochenen hundert Mark nach Kronwitt hinauf. Die nimmt sie lächelnd und steckt sie am anderen Morgen der Agnes wieder zu.

Der Sommer geht vorüber, die Felder sind abgeerntet, die stille Weise des Herbstes klingt durch das Land. Andreas pflügt die Felder und bereitet den Boden für neue Hoffnung und Saat. Wohl hat ihm der Vater ein paar große Äcker von drunten überschreiben lassen und auch etwas Wald, sodass Kronwitt dem Hartegghof jetzt in nichts mehr nachsteht.

Hoch über dem Pflügenden kreisen ein paar Habichte. Im nahen Wald rauschen Zweige und Blätter ihr ewiges Lied. Fern im Tal läutet eine Mittagsglocke.

Als der Kronwitter nach Hause kommt und auf den Hof zugeht, steht seine junge Frau vor dem Haus, hat den kleinen Andreas auf dem Arm und lächelt dem Kommenden glücklich entgegen.